張琨琳 —— 著

專為辛苦上班族寫的

第一本股東會攻略

零股＋紀念品，小小股民如何在上市、上櫃公司股東會挖出財富的技術

目錄

序一

跟著琨琳，探索股東會的洞天福地

出版社邀我幫琨琳兄的新書寫序，因相識不深，乃婉謝。不過，在出版社邀宴的同桌席上，對他卻有深刻的印象，因為他年輕活潑又熱情，這是我喜歡的朋友典型。尤其幾天後意外發現他居然用了我的新書做他臉書活動的抽獎標的，這個暖心的動作，讓我非常感動！因為一般文人「同行」都有「瑜亮情結」，而他卻是心胸開闊的人，實在有緣！後來才發現，原來他的臉書已經有幾萬名粉絲說讚了！

記者出身的我，年輕時常幫時報周刊捕捉時髦動態，例如「樂透」剛剛闖入台灣、身分未明時，我就深入業者的公司作採訪，還曾被四名彪形大漢圍堵過，最後仍在談笑中完成任務；超市剛剛興起時，我就採訪了農產運銷公司的第一家「和平超市」；其後，每當一個新的浪潮出現時，我就會寫一本新書，可說是勇於作時代先鋒。例如「上櫃股票」剛剛冷灶熱燒的時候，我就立馬寫過《轉戰店頭市場》、《上櫃股票投資秘訣》；定時定額投資即將開始熱門之前，我又寫了《定時定額基金投資大全》、《定時定額基金投資手冊》。

離開報社這麼多年，我的著作已近 100 本，財經類的書籍也有 40 來本，幾乎把什麼題材都寫光了。正在考慮寫「零股」時，赫然發現琨琳兄已經出版了一本零股的大作《零股獲利術》。對於這樣一位「用 3 萬元當 700 家上市櫃公司的股東、6 年賺 500%」的零股達人，何必去狗尾續貂呢？於是放棄了。

琨琳兄的新作《股東會淘礦術》，是一個嶄新的寫作方向，他和我年輕時一樣，作品都是用「腳」寫出來的。他偵騎四出，跑遍了全台上市櫃公司「股東會」、「臨時會」，和股務代表打交道，與每一家公司的紀念品結緣。同時，整理出一套小資族最感興趣的「股東會

紀念品完全攻略手冊」，他同時也用他敏銳的觀察結果，完成一套最強的完整攻略系統，無私地分享在本書之中了！

　　目前上市櫃公司多達 1752 家（統計到 2022.02.20.），到底怎麼做股票呢？一位專門接案做美工的好友，老是喊窮，並且反反覆覆地問我「沒錢怎麼買股票？」「要多少錢才能入手？」我都建議他去跟進琨琳兄的零股操作，股東會的紀念品還可以給他最愛的寶貝女兒。他聽後突然精神一振，彷彿找到了浮木。其實，琨琳兄在 2013 年從事債務協商工作時，就已經提供債務人一個理債的建議——從買 1 股零股開始！

　　本書從股東會的由來、制度、規則講起，談到各國紀念品的行銷意義，兼及股東會現場的所見所聞，包括某大股東不愛照相，總是「藏」在花盆後……等等細節，以及某家公司三派人馬的角逐態勢之分析，更多的是小資族如何領取紀念品的 Know-how，可說鉅細靡遺，應有盡有。相信這是一本股市小白最佳的工具書，允宜人手一冊！

方天龍
中原大學股票和權證講師、財訊金融學院
講師，操作股票素有「神準天王」雅號。

序二
從零股股東成長為投資熟手

　　還記得仍在當學生的時候，每年的固定時間，都會看到台北車站附近的店家或大樓，貼滿了 A4 的紙，並印上滿滿的公司名稱。而許多的人排好長的隊伍，手上拿著一疊紙，換了一袋禮物之後開心地離開。長大之後才知道，原來這個就是股東會紀念品的領取盛況。

　　琨琳老師在股東會紀念品的領域，絕對是數一數二的高手！他多年跑遍全台上市櫃公司及各大股東會現場，並長年與輪動中的 700 家上市櫃公司股務代表互動，且非常樂於分享，也才促成了本書的實現。

　　認識琨琳老師之後，才學習到原來「買零股」就可以領取紀念品，而且，這投資報酬率真是超乎想像。你只需要買一次，每年都可以開開心心的領取各式各樣的禮品回家，商品價值和投入成本相比，大部分都非常的物超所值。用「零錢」就能買「一股」的投資方式，對於我們小資朋友都是可以輕鬆實現的。

　　然而，這個好處只有領領紀念品而已嗎？

　　琨琳老師在本書中更多的分享到，當我們為了領取紀念品，通常會順帶的參與這些上市櫃的股東會，可以從觀察這些股東會的開會方式、會議進程等等，了解到這家公司經營狀況、經營階層的個性、公司未來的可能發展。本書也會教您如何藉由這些資訊，對這些公司作出系統的評鑑，漸漸地深入了解各公司的產業領域及狀況，我們便會更有把握地尋找好公司來增加持股，一步步的從小資升級成長，累積更多實力。

　　隨著資訊技術的提升及環境的變化，領取股東會紀念品的方式也

不斷改變，有時候不小心忽略掉一點小細節，可能會錯失領取紀念品的機會。作者在本書詳細的從股東會制度開始說明，如何開戶、下單買零股、注意開會通知書，參與股東會的方式，手把手的帶你了解及操作，任何一個可能失誤的眉角都不會放過，跟著做一次，我們一定都可以成為股東會紀念品投資的熟手。

管繼正
HiStock 嗨！投資　共同創辦人

前言

一場股東會，讓你更靠近財富自由

相信大家對琨琳的認識應該緣起於股東會紀念品居多，但還是有許多人並不清楚，為何認識一場股東會可以讓你更靠近財富自由！

琨琳多年來因股東會紀念品跑遍全台上市櫃公司及各大股東會現場，除長年與輪動中的 700 家上市櫃公司股務代表互動外，並透過行萬里路的實地經驗，驗證每家上市櫃公司營運型態，因此集結出一套「上市櫃股東會系統投資術」，希望可以透過系統性的歸類，幫助投資人挑選出一家優質的上市櫃公司並進行最佳化投資；當然小資族最關心的「股東會紀念品完全攻略」，琨琳也會整理出一套最強的完整攻略系統，期望可以讓每位投資人透過一場場「股東會」重新認識你的投資標的物，進一步獲取最大的報酬。

本書不僅要教會你讀萬券書—了解開會通知書，更要實際行萬里路—造訪上市櫃公司及股東會現場，透過知識累積與智慧參訪合而為一的經驗，提早帶你進入財富自由、奇蹟自來的股東會元宇宙。

雖然你目前不是富爸爸，但可以先做小富爸爸

《富爸爸 窮爸爸》，一本翻譯成 51 國語言並銷售 109 個國家的暢銷書，已在市場上銷售超過 20 年、總量逾 4 千萬冊，相信許多人都閱讀過本書。本書真的可以堪稱是 21 世紀最偉大的理財書，書中建立了相當重要的投資理財觀念，甚或可以被稱為改變生活觀念的一本重要書籍，這本書不僅可以在觀念上幫你擺脫窮、忙、困的人生，更重要是教會人一定要擁有正面積極的學習態度，並擁有一位富人該具備的重要思維及邏輯。

當然，這本書帶給你的都是十分重要的投資理財生活觀念，而就實際執行面上或許常常困惑著投資人「我該如何進場投資？」或是應該這樣說，到底一個資金不雄厚的投資人該如何展開投資理財這件事？又該從什麼樣的投資商品進場參與理財這件事？滿滿的問題與疑惑困擾著想要進場成為富爸爸的投資人。

認清一個很重要的事實，每個人的起點都是相同的，如果你不是富二代，那麼請你放下羨慕別人的眼神，進而從培養自己的理財知識並按部就班做起；我相信你現在絕對不是富爸爸，但請你相信：閱讀本書後，你絕對可以成為一位小富爸爸！而我呢，將要在本書中透過「股東會尋寶」的過程，教會你最基本卻是終身受用的股東會淘礦術，讓你展開一場全新的人生。

本書十分注重「實戰」，唯有真正的實戰才能讓你從小富爸爸晉升為富爸爸；因此，我會先協助你建立一個「立於不敗的生活獲利術」，透過持有 700 家上市櫃公司的零股來深度了解上市櫃公司，除外我還要帶你一起完成上市櫃公司優劣分析評鑑系統。**在你實踐了讀萬卷書（每家上市櫃公司開會通知書），並完成行萬里路（參加重要上市櫃公司股東會）**後，最終你將從小富爸爸成功轉型為一位財富自由的富爸爸！

人人都需要一套完善的投資理財系統

奈米級的銀行定存利率已經進入了我們的生活了！1997 年我踏入金融業，當時銀行一年期定存利率有 8%，2020 年銀行定存利率已經低於 1%，而這個趨勢將不會改變，趨近至 0% 只是時間的問題，因此要打破這樣的困境，一定要有完善的財富管理規劃，不論從投資觀念、投資工具、資金分配、投資系統……等都需要十分完善，才能夠扭轉自己的財富自由之路。本書中，我將提供 20 多年的投資市場經驗來幫助更多的投資人走出各種投資困境。

另外，在我經營臉書近 7 年的時間當中，有許多投資人詢問我是

否能夠有一套完整的投資理財方式或系統可以扭轉投資人生，我的答案是：肯定有！

無奈，這麼長時間都未能整理給許多在投資理財上遭遇到困難的朋友們一套完善投資理財系統。2021 年歲末，在財經傳訊方總編輯的鼓勵及廣廈出版社的支持下，我下定決心要在 2022 年整理出一套邏輯完善的投資理財系統，讓所有投資人都可以在實現財富自由這條路上走得更加順遂更加輕鬆；這是我第一個想寫這本書的理由。

▎世界轉動的比你想像中還更快

除外，2019 年 10 月 31 日我在琨琳狂想零股研究中心臉書上曾引述麥肯錫全球研究所（McKinsey Global Institute）2017 年的一份報告〈失業與就業：自動化時代的就業變遷〉（Jobs Lost, Jobs Gained: Workforce Transitions in a Time of Automation），該報告預測，未來 60% 的職業，至少有 30% 的工作會被機器取代；到了 2030 年，全球有 14% 的勞工（3.75 億人）將被迫轉換工作。

另外，世界經濟論壇（World Economic Forum）在 2018 年的〈未來就業報告〉（The Future of Jobs Report）中指出，2022 年時，機器人所能完成的工作量將提高到整體的 42%，屆時全球將有 7,500 萬人面臨失業，但也同時會創造出 1 億 3,300 萬個新工作機會。

前台積電董事長張忠謀曾向政府示警：「將來很多工作被人工智慧取代後，只有 5% 至 10% 掌握科技的人薪水會變得非常高，其他 9 成的人薪水會變很低。」他更直接點明，「未來世界失業率會增加，貧富差距會擴大。」

另外，這波大規模失業浪潮，不只如外界想像的只會影響到藍領階級，高薪白領的行業如醫師、會計師等，工作也恐有被取代的危險。

事實上，自動化取代人力的情況早已是現在進行式，大自企業工廠，小至自助點餐機，你我周邊都可以觀察到一些例子，最知名的應

是 2014 年政府將國道人工收費改為電子收費系統（ETC）所引發的「國道收費員抗爭事件」，造成 947 位收費員被迫失業、轉業及等待安置，耗費了極大的社會成本。

全球各大重要研究機構對就業市場的評估報告，在沒有疫情的衝擊下就已經如此令人擔憂，而此刻全球仍在奮力對抗新型冠狀病毒（COVID 19）的當下，未來的就業市場只會更加嚴峻，這是促使我不眠不休想盡快完整這本書的第二個理由，希望可以透過本書來幫助更多投資人儘快進入一個完善的投資系統，讓大家可以更靠近財富自由。

這是一個真實的故事，希望故事的主角能夠看見

2014 年第一次上非凡新聞節目時，與股市聞人阿土伯在節目裡談到對上市櫃公司股東會紀念品看法的差異時，就想著有一天一定要讓「股民」與「上市櫃公司」間建構一個正向的投資理財計畫。2021 年底，有機會在財經傳訊方總編輯邀請下完成本書，希望這本系統工具書除了可以幫助投資人有效率的獲得股東紀念品外，更希望投資人可以在深度了解每家上市櫃公司的營運狀況後，探勘出質優良好的金礦（投資標的物），最終與優質上市櫃公司一同站上金色山脈，共榮同享財富自由。

2013 年，我已從事債務協商 8 個年頭。期間，我處理過大大小小的債務協商案件，當中，有非常多的債務人起債的原因並非全然是自己所造成的，細節因素太多就不贅述，單就其中一個最終的事實，債務人幾乎快無法生存的條件下，我提供了債務人一個理債的建議，也就是購買 1 股零股投資，你也許可以獲取生存的機會，除外你還可以透過參加股東會來了解上市櫃公司的發展。

許多債務人初聽此建議大多嚇了一跳，都沒錢償債了怎麼還有錢去買股票呢？

我說了這樣一個故事：早期的上市櫃公司老闆要讓自己公司上市

櫃是十分不容易的事，所以很多老闆感念當時願意出資投資公司的股民，不論大股東或是小股民，這些上市櫃公司老闆都記得是誰在最困難的期間幫助過他。今日，這些上市櫃公司老闆已有相當成就了，你今日即便投資 1 股 20 元，卻可能獲得 1 包 1000 克的米；就生存角度來說，我相信上市櫃公司老闆也不會跟你計較這包 1000 克的米。

或許有不少債務人對於人性失望，不相信上市櫃公司會願意拉拔跌落深淵谷底的債務人一把！

為了驗證這件事，我便開始了實驗性操作零股投資當中的 1 股操作，希望可以在 1700 多家上市櫃公司當中找出一條脈絡來幫助更多的債務人扭轉人生！

成為上市櫃公司股東 掌握其未來營運方向

人生沒有不可能！這件實驗性的投資在 2014 年開始展開，期間陸續讓自己的家族親人與幾位債務人參與這項投資，經幾年後發現：零股投資並非只是股東會紀念品可以減輕家庭日常用品的支出，在投資的過程當中，我們不僅成為了近 700 家上市櫃公司的股東，在參與股東會及領取股東會紀念品的過程當中，還可以了解每一家上市櫃公司未來營運的方向。

此外，每家上市櫃公司的員工在辦理公司股東會的過程中還會透露出該公司未來的股價期望值、董監事改選規劃、集團交叉持股狀況等；因此，透過買入零股成為股東來掌握上市櫃公司的資訊，絕對不是只為了領紀念品那麼簡單！其最終的目的當然是要協助大家找到傳說中的「金礦」、「金色山脈」(註1)。

且不論是「金礦」或「金色山脈」，這當中最重要的是已經實現財富自由的你，應該也很高興我終於整理好這本書，並把我分享給你的點點滴滴整理成冊，現在終於有機會可以分享給更多的投資朋友們；因此，我希望購買本書的朋友可以像我曾經幫助過的朋友一樣，把握好一個扭轉人生的機會，好好為自己的財富由由拚搏一次，財富

自由這條路上琨琳將與你相伴。

　　本書有兩個很重要的系統要分享給大家，希望小額投資人在增值自己的身價過程中可以有一套完整的系統來協助你完成這個計劃。這個系統分為兩個部份，接下來我會協助各位建立一個簡單又清晰的邏輯概念，希望各位可以在兩大主題架構下輕鬆展開自己的投資理財新生活運動，全面、完美的實現財富自由。

▌股東會學問大

　　牽動一家上市櫃公司營運狀況及發展方向最重要的會議就是市場上所稱的 「股東會」，而這場攸關股東們與公司之間最重要的會議，到底有多重要呢？

　　在投資操作市場裡大家常聽到「高手藏於民間」的說法，我則認為將股東會用「魔鬼藏於細節」這句話來形容更為貼切。本書讓我好好為大家整理股東會的魔鬼細節及系統歸納評鑑表，待你完整閱讀完本書的股東會投資系統後，我也希望你可以按部就班的整理你參訪的每一家股東會，作出完整的評鑑系統表，最後依照你的評鑑系統表做出投資計畫，而讓你在投資過程中有個完整且標準的系統化投資計畫，則是身為作者的我最重要的任務，並預祝你在財富自由這條路上可以走得更加順遂，早日實現財富自由。

　　本書我要與大家分享及探討的兩大股東會重要學習系統，將可幫助你深掘出金色山脈同時並建立出一套立於不敗的股東會獲利系統：

　　一、上市櫃股東會系統投資術：我會提供一套上市櫃公司的評鑑系統表，你可以自己增減你認為評鑑上市櫃公司的重要要件，同時給予合適的評等，這個觀念就如同「信評公司」(註 2) 對於「債券的評分等級」(註 3) 概念一樣。舉例來說，美國政府發行的政府公債，因為你認為美國政府倒閉的可能性很低，同時美國政府可以按照合約的約定發給你固定的利息，那麼當你投資美國政府公債時你覺得很有安全感，同時可以享有利息外又可以保本，那麼你就可以很放心的投資這個標的物，此時你就可以給予 AAA 的 3A 評等。而本書的概念也是相

同的，對於你參與的上市櫃公司股東會，如果你評估可以給予 5 顆星的等級，那麼你就可以放心的一次加碼或分批的投資這家公司。有關詳細的評鑑方式，我在後面的章節中會向大家說明。

二、股東會紀念品完全攻略手冊：當你想要參加某一家上市櫃公司的投資時，最重要的第一件事是你要優先成為該公司的股東，那麼你又該如何在台灣一千七百多家的上市櫃公司中找出好的投資標的物呢？

你可以先購入該公司 1 股的股票，並透過參與每一場的股東會開始觀察你感興趣的投資標的物；在這第二個系統中，我會協助你系統規劃參與上市櫃公司的每場股東會，同時領取每家上市櫃公司提供給你的股東會紀念品，在獲取小確性的過程中，了解每家公司的營運發展方向，更進階一點來說，你可以透過股東會紀念品來給予該公司評分，並找出各母子公司或集團之間的關聯性，最後納入你的上市櫃公司評鑑系統中給予評等，最終你就會整理出一套股東會掘礦邏輯，相信這樣規劃會讓你在參與投資過程中立於不敗之地，最終邁向財富自由。有關這個部分，我同時會在本書中清楚的說明，希望你可以好好掌握這當中的關鍵。

最後，我還是要整理一個重要觀念給大家，股東會掘礦評鑑方式特別著重細節整理，因此你一定要運用聰明的大腦去增減你需要的評鑑（評等）方式，這不一定是絕對的，但我會完整的將我個人認為的最重要的評鑑方式分享給你。

另外，若你僅僅只是對於股東會紀念品有興趣，我要特別提醒你，與時俱進的掌握每年金融法令變化是一項很重要的功課，千萬不要認為買入幾百家上市櫃公司後就不用管理這些公司的資料，畢竟每家上市櫃公司未來的發展才是你加碼投資的重要核心，單純希望股東會紀念品就可以產生足夠的高額獲利這件事，真的是不可能的，甚至有可能成為你未來的投資包袱。有關這個部分，我也會盡力說明正確的觀念並分享給大家，希望你可以有正確且正向的投資觀念，如此你

才可以坐穩財富自由的生活。

學習，要能學到精髓

　　成就一套財富自由系統，你一定要先耐住你的心，這是很重要的起點；另外我會這麼說的原因是，在我追求財富自由的過程中，接觸了非常多財富自由的朋友，而每個人的投資理財方式各有獨到之處，絕非三言兩語就能交待清楚，僅僅透過一本書就要完整說明這件事也不可能，但你務必要耐下心來閱讀每個章節，每個章節都有著前因後果，倘若你遺漏了當中的某一個環節，那麼這就可能會造成與你期望的結果不同。

　　相信大家也常看到我在臉書「琨琳狂想零股研究中心」推薦了許多作者嘔心瀝血的作品，同時也分享我的讀後書評。這個部分我真的要好好的補充一個重要觀念，那就是有許多作者已經將財富自由操作方法做十分詳盡、無私的介紹；但重點來了，你可能因為自己認為那些你早就懂了，其實那真的很可惜；因為你真的可能懂了，但也可能只懂得其皮，卻沒有掌握到重點，那麼你可就錯過了每一位作者想傳達給你的精髓。

　　此刻我想用「菩提達摩」故事來說明「學習」這件事應有的本質及態度。菩提達摩就要坐化圓寂了，他便召集弟子們說：「我的壽命快到了。死之前，我想證實一下你們的禪法修為到底如何，請你們將自己所悟到的『道』說給我聽聽吧。」

　　菩提達摩共有四大弟子，三僧一尼。三僧分別是道副、道育及慧可，一尼人稱尼總持。道副首先站起來說：「學習佛法求道過程中應該不執著文字，也不捨棄文字，而是應該把文字當作求道的工具。這是我悟到的，老師以為如何？」菩提達摩答聲說：「你只得到了我的皮。」尼總持之後回答道：「依我所體悟的，學習佛法就像你看見了佛國，但一旦你看見之後便再也見不著了。」菩提達摩答曰：「你只得到了我的肉。」道育隨後起來說：「地、水、火、風本來是空的，眼、耳、鼻、舌、身、意也非實有，整個世界無一法可得。」菩提達

摩則回答：「你只得到了我的骨。」最後輪到慧可，只見他起身向菩提達摩三拜行禮，然後便站著不動了。菩提達摩則說：「你已得到了我的髓。」於是，慧可成為禪宗的二祖，接替菩提達摩進行傳法的工作。

這個故事很棒，希望有機會大家可以到 YouTube 搜尋「達摩祖師傳」，觀賞這部歷史久遠的影片來體驗學習過程中應有的終極本質及態度。會有這個故事及影片的介紹，不外乎是我希望在閱讀本書前能建立一個導讀核心，希望你可以有系統的將我每個章節的內容全部吸收，並融合重點、發揮極致甚或超越，那麼也不枉我過年期間伏案振筆的功夫了。

（註1）金礦：一家獲利良好的上市櫃公司；金色山脈：意旨一個集團或是一個主要題材下的優質上市櫃公司。

（註2）信評公司：信用評等之所以有價值，在於信評公司經深度評鑑每家發行機構發行之金融商品後做出的結論，因此具有高度的可信度；而信用評等機構是獨立於發行者之外的中立者，所以投資者相信並願意去接受其評估及判斷。目前國內外最有公信力的信用評等機構都是十分重量級的百年公司，包括：標準普爾（Standard & Poor's）、穆迪（Moody's）、惠譽（Fitch），而台灣也在民國 86 年成立了第一家信評公司「中華信用評等公司」（Taiwan Ratings）。

（註3）債券的評分等級：針對國家、個別企業、銀行、證券商、承銷商、保險公司等金融機構、公用事業（包括電力、石油、電話公司等等）所發行之短、中、長期債券、商業本票、特別股等金融商品等，評估其信用狀況或償債能力之評等。

資料引用來源：世界經濟論壇（World Economic Forum）、麥肯錫全球研究所（McKinsey Global Institute）、獨立評論@天下、@琨琳狂想零股研究中心

導讀

Part 1
你必需要了解的股東會礦場

　　我將從股東會的制度 1-1 開始向你介紹整個股東會由來，其實這是很重要的介紹，這就像是一場遊戲裡面的規則及由來，你或許不需要深究法條，但遊戲規則一定要十分清楚才行。這就像是你買了一項 DIY 組裝商品，許多人都有著這樣的習慣，一收到商品便立刻拆開組裝，結果常常弄壞你所購買的商品，這樣其實是得不償失的，為何不能好好看完安裝手冊後再組裝，既可穩健的安裝好購買的商品，又可避免安裝過程中可能會遭遇到的問題。熟悉股東會的制度規則，就可以降低你不必要的損耗，這不正應該是你想要的最佳結果嗎？

　　緊接著，我會完整在 1-2 這節當中告訴你參加每一場現場股東會必須要做的基本功課，同時並將重要觀察細節整理在本節。

　　當然股東會不單單一年只有一場，所以在 1-3 這節中會整理出一家公司在一年中可能除了股東常會外，臨時會現場你要觀察的重點有哪些。

　　第 1-4 節帶大家好好認識一下股東會的開會通知書，這張開會通知書你必須要而且一定要好好學會怎麼看，因為這將攸關你未來的投資方向，可以說是認識投資標的物的門票。另外這張開會通知書因為潛藏著許多投資秘密，將深深的影響你的財富自由機會，所以可說是投資標的物的藏寶圖，必須要好好認識它。

　　繼上一節掌握關鍵開會通知書後，在 1-5 節中將要延展開會通知書的母子公司、集團商機藏寶圖囉！這節中，你將體會到「魔鬼藏在細節中」的含意。

Part 2
透過零股，
廣蒐全台上市櫃公司最新動態

沙盤演練後即可進入實作，本章對於全新手投資人來說，要學習的方向將從 2-1 節觀念及實作準備開始說起。

觀念建立後，當然就要起而行；在 2-2 小節中，我會帶領全新的新手投資人進行開戶，並整理一份各家券商目前提供的優惠資料給大家參考；如果你已經有券商帳戶且認為不需要分帳管理，那麼這個小節你可以跳過。

其實只要是針對全新手投資人的書籍中，一定會有 2-1 及 2-2 這兩個小節，其主要的原因當然是為了提供給全新手投資人使用，所以若你已經是有一定經驗的投資人，請務必保持開朗的同理心迎接新手投資人一同學習？在這小節中，我會就一家券商做全系統的完整介紹，提供給大家參考。

當你準備開始擁有全台各家礦場資訊前，你需要了解第 2-4 小節中下單的遊戲規則及下單價位上的差異，本節將有完整的說明及介紹。

清楚 2-4 節的下單關鍵規則後，2-5 小節我會手把手教會大家開始下單並擁有你想要的全台礦場資訊，展開你的掏礦生活。

Part 3
篩選上市櫃公司
並循序漸進學會股票下單技巧

當你擁有全台礦場資訊後，我們要開始系統化整理值得投資的上市櫃公司，在 3-1 小節當中，我會將系統化的管理介面提供給你，進而開始每家上市櫃公司的評等作業。當然這是準備工作，最後的實作交易你可以在學會操作的技法後開始執行。

在 3-2 小節中我將補齊我在《零股獲利術》這本拙作中的延伸操

作觀察重點，希望可以幫助你獲得更全面性的操作技法並避免不必要的投資風險，可以說是「定期定股」的操作升級版。

當你擁有人生第一桶金後，在 3-3 小節同樣會有「定股定價」的操作升級版，讓你運用這個價差操作技巧，波段完整套用在你的投資標的物上，提早實現你的財富自由計畫。

沒錯，千股與零股的價差套利是許多投資人好奇的方法，在 3-4 這小節將會有一個完整的說明，並運用實際案例讓你體會不可思議的獲利方式。

Part 4
決戰股東會、臨時會

進到本篇，相信你已經完全了解「常年股東會」與「臨時會」之間的差異了，因此在 4-1 節，我將告訴你如何透過新聞面來觀察你的投資標的物，特別是臨時會這件事。

同時我相信你有可能無法在同一時間面對這麼多場的現場股東會，所以在 4-2 小節我會教會你透過技術分析，來觀察你所選擇的投資標的物。

在 4-3 這小節中，將告訴你從何開啟觀察重點。一個小小的徵求點其實藏著許多投資關鍵，這節中我們一起來掌握徵求點的關鍵投資要件。

我將淘礦執行的完整計畫放在 4-4 小節，主要是希望你除了擁有完整的「上市櫃公司系統評鑑表」外，更可以參考本章當中的 4-1 節新聞面知識、4-2 節技術面及 4-3 節股務徵求面，全面性的掌握你的投資標的物，並運用 3-1～3-4 小節中的操作技法，發揮你的淘礦作業。

Part 5
擁有金色山脈的股東會紀念品，
淘礦就是這麼簡單

當你擁有金色山脈後，每個礦場年年可以為你帶來的小確性可千萬不要錯過。在 5-1 小節中，你還可以觀察一家上市櫃公司經營者對於零股投資人的關鍵秘密。

擁有股東會紀念品，你可以有什麼樣的規劃及運用方式，我會在 5-2 節中說清楚講明白。

5-3 小節我要告訴你的是，上市櫃公司贈送的紀念品秘密？在這節當中你要發揮你的觀察力，同時在開會通知書看不見的投資訊息，只有在你取得股東會紀念品後才能掌握的關鍵秘密。

Part 6
持股不同，領取規則不同

如果你同時擁有某一家上市櫃公司的整股及零股時，相信你會很困擾到底該如何領取紀念品，本章會有完整的介紹及說明，搞清楚才不會跑錯領取紀念品的現場。在 6-1 小節中，我將教會你怎麼查詢股東會紀念品發放細節？

在 6-2 小節，我會將執行細節說清楚，買進每家上市櫃公司股票的時間點特別重要，弄錯要等上一年。

在 6-3 小節中將會介紹，許多投資人認為自己是股東就可以領取紀念品，基本上這點是沒錯；但詳細的領取規則及場地都會因為你持有的股數不同而在領取方式也是大不相同，千萬切記！

上一節清楚分類了領取規則，6-4 節將解開各家券商「開會通知書」樣本工具給你，唯有詳讀正確資訊才不會瞎忙又生氣。

6-5 小節還有更多的眉角是你一定要留意的，這小節會有更多的補充資料，同時我們將在下一章節中整理一套無敵領取方式，在此先做個預告。

Part 7
萬事俱備，金色山脈我來了

如果你認為這樣的準備已經足夠擁有整個金色山脈，那可就大錯特錯囉！因為還要了解 7-1 小節的重點整理後，你才真的算是擁有機會可以取得這份小確性。

你想要擁有無敵版領取紀念品的攻略文件嗎？看完 7-2 小節的分析整理，你可算是打通任督二脈，稱得上是「紀念品達人」了。

如果你並不想成為一位紀念品達人，那麼你在市場上有其他的選擇嗎？答案是肯定的！7-3 小節將提供你全台的解決方案，通通整理在這裡。

Part 8
靈活運用你的股東會紀念品

投資理財不僅僅要靈活，對於你取得的股東會紀念品，你也要懂得彈性運用，這樣才可以讓每一份小確性獲得最佳化效益；相信你一定想知道該如何將紀念品變現吧！8-1 小節將提供《零股獲利術》外的其他方案。

做公益相信人人都喜愛，前提是在你可以負擔的情況下；每年透過金色山脈取得的紀念品，特選後其實都可以回饋到社會上的每個角落。公益不分你我，歡迎你在邁向財富自由的過程中，一邊獲利一邊回饋這個社會。

Part 9
神祕金色山脈獻給本書讀者

「因為根深心更穩，因為茁壯夢更真，因為廣闊人生更美，因為高遠世界更大」，這段話我很喜歡；請容許我在這 9-1 小節中告訴本書的讀者，我們即將推出的「聰明理財新生活運動」，一條神秘金色山脈可能在你的參與中形成，希望你有機會也會是這金色山脈大淘礦中的一位成員。

結語中我要特別補充有關股利發放的說明，9-2 算仔細。

要感謝的一切及未來琨琳投資理財寫作計畫，我都將寫在 9-3 尾聲中，謝謝你完成導讀。

準備好了嗎？
我們將開始每個章節的閱讀，
希望你可以收益滿樂！

Part 1
你必需要了解的股東會礦場

　　藉鏡觀形，讓我們一起好好認識這「股東會礦場」，同時我們也必須要了解股東會的基本遊戲規則，掌握關鍵資訊，以確保我們未來在投資及獲取小確幸上應有的獲利及權益。

1-1 股東會的制度沿革

　　聰明的投資人，要從每一場的股東會去了解上市櫃公司的營運發展、商品開發、董事長的品牌行銷策略方向。

　　台灣多項獨步全球的股東會運作模式是從何時開始的？我將整理法條讓大家了解股東會的由來，除此之外，還要談談台灣的公司經營者因股權結構而引發的一連串股東會特殊現象；同時建議台灣上市櫃公司經營者及政府應致力改革公司經營結構，這樣才可以讓股東會回到本質正向發展，同時保障投資人的權益。

　　讓我們從法條來了解股東會的由來：

　　一、公司法第 170 條規定，股東會分下列二種：

　　1、股東常會，每年至少召集一次。

　　2、股東臨時會，於必要時召集之。

　　前項股東常會應於每會計年度終了後六個月內召開，但有正當事由經報請主管機關核准者，不在此限。

　　二、公司法第 174 條規定，股東會之決議，除本法另有規定外，應有代表已發行股份總數過半數股東之出席，以出席股東表決權過半數之同意行之。

三、公司法 195 條規定，董事任期不得逾三年，但得連選連任。董事任期屆滿而不及改選時，延長其執行職務至改選董事就任時為止。但主管機關得依職權限期令公司改選；屆期仍不改選者，自限期屆滿時，當然解任。

簡單整理給大家：1.上市櫃公司每年都開股東會；2.股東會必須要有半數以上的股權人出席才能成立；3.公司的經營階層（董事、監事）則每三年都會有一次的改選，請記住這項重要條件，可能會與你的波段投資計劃有關。

從上述的三個要件來看，經營者要讓股東會能夠順利召開，甚至在三年一度的董監事改選後還能繼續管理或控制公司未來發展，那麼，經營者團隊（及董事會）至少要能掌握半數以上的股權，否則就會面臨股東會因開會人數不足導致流會；狀況更糟時可能發生董事、監事改選時輸掉整個公司經營權也是很有可能的。

當然也因為經營團隊為了能繼續掌控公司的未來發展（也就是為了擁有過半的股權），因此有了獨步全球的「公司股權徵求大戰及股東會紀念品運動」的股東會特殊現象，這個部分我隨後立刻補充，讓你可以十分清晰的看清你所選擇的投資標的物是否值得你投資。

簡單說完股東會的由來，接著來談一下紀念品的發放起源時間到底是何時呢？目前就我所查到的證券公開資料，**最早於民國 35 年 4 月公布之公司法第 175 條第 1 項「股東得委託代理人出席股東會」（《證券暨期貨》月刊／我國股東會委託書制度介紹專題三 94.2.16 出版）**，不過前面我提到的獨步全球的紀念品發放，嚴格說起來，最早發放股東會紀念品的國家，其實是日本。

不過這當中，最大的差別是：日本通常把股東會紀念品作為上市櫃公司回饋股東的一個行銷廣告工具，且大多數都是發行各類優惠抵用券居多，並會依照股東持有的股數高低發放不同的股東會紀念品；相比起來，台灣的股東會紀念品可真稱得上是琳瑯滿目了。

台灣還有一個最特殊的現象，紀念品本質上已經成為不少公司經

營者拉攏股東委託書的工具，而不是像日本那樣單純回饋股東或是將紀念品轉換成公司的行銷廣告工具。

當公司為了經營權而透過股東會並將紀念品的本質改變了，很多事同時也跟著改變了。

穿透一下這個事實，為何上市櫃公司本質會變了？這邊我們談的是本質改變的上市櫃公司！說完真正的事實，可能會讓許多上市櫃公司蠻不堪的；但是，為了讓台灣廣大投資朋友了解上市櫃公司現況的經營事實及金融投資環境的正向發展，我還是要說出這個事實，**核心主要原因是有不少上市櫃公司經營者的股權不足，依照公司法各項規定肯定會發生股東會流會狀況，甚或失去公司的經營權，那麼就會造成公司無法好好營運，當然最後倒楣的還是回到投資人身上。**

所以，每年快到股東會時，你就會發現許多上市櫃公司開始想辦法透過委託書收購或股東會紀念品來徵求足夠股權維持經營權；雖然公司經營者也是在不得已的情況下才會有此作法，但這也是投資人要注意的細節之一，在後面的章節中我會另外依各種狀況補充說明。

因此，公司經營權所引發的委託書收購徵求大戰，才是台灣上市櫃公司經營者及政府應該關注及解決的關鍵核心問題。

經營團隊（及董事會）原本就應該持有過半的股權，並非透過徵求委託書方式取得授權，來通過股東會的各項議案表決。最正確的執行方案，就是實名登記在經營團隊（及董事會）才是王道。

經營團隊（及董事會）股權不過半的情況，十分容易引發經營團隊的營運壓力；我們用另外這個方式來向大家解釋，專業經營團隊是實際負責公司的營運任務，而董事會角色應以維持公司股權作為核心任務，當然許多公司經營團隊（及董事會）是混搭在一起的，且不論什麼樣的組合，其實關鍵核心就是讓公司可以在穩定的環境下發展。

另外，我個人認為股東會紀念品也應該回到本質，也就是上市櫃公司純粹的回饋股東，回到初心，路才走得長遠；當然，以股東會紀念品作為公司的廣告行銷工具也是我個人十分贊同的正向發展方式。

經營一家上市櫃公司確實相當不容易，但既然已經上市、上櫃了，那麼稱之「專業經理團隊」絕不為過，而專業團隊更應該用心在公司經營上才是，**如何透過一年一度的股東會建立公司與股東們之間的黏著度、共創多贏格局，才是公司、股東應該一起努力的方向。**

1-2 參加股東會，得到的比你想像多更多

　　當然，在時間條件的允許下親自出席每一場的股東會那絕對會是收獲良多的。你除了可以掌握第一手經營團隊公告資訊及現場報告外，更可以在現場聽到多樣貌的股東提問，而經營團隊精彩的互動答覆內容也應該被列入現場股東會觀察重點之一，從小細節近距離來觀察你投資的公司，並給予評分。

　　接著，我們要從你一早出席股東會、但尚未進入現場開始觀察這家公司，舉凡下列直覺式的觀察項目：現場動線佈置及人員配置、議事執行流程、其他特殊現象……等等，相信可能比你看許多財報或技術分析更能評鑑出公司營運的良窳。

　　另外，股東會現場提供的紀念品也是重要觀察項目，小商品大玄機，隱藏公司的營運計劃與一家公司的格局及氣度，礙於紀念品的觀察細節蠻多樣性的，所以我會在本章最後一小節整理給大家。

　　我一直強調，學會觀察每家公司的小細節確實是要練習的，甚至你要佯裝身分來幫助你觀察每一家你可能想加碼投資的公司，特別是隱身為一位小股東最為合適，在不起眼的股東條件下絕對會是最好的觀察方式。原因無他，就是經營者的人心！接下來我會分享實際案例給大家，透過案例直接感受上市櫃公司團隊間的互動差異處後，你就可以給予合適的評分；有關「上市櫃公司系統評鑑表」也會在後面章節做完整說明，這小節我們先看看股東會現場發生了哪些事，相信你聽完這些實際案例後，心中已經有是否該加碼投資的評分了。

從現場股東會可以看出
經營團隊的分工合作流暢度

一般來說，股東會開會的時間通常是上午 9:00，而一般辦理股東入場登記的多是從 8:30 開始。而我早期因為需要在上午 9:30 前完成多家上市櫃公司的紀念品領取作業，所以通常我 8:00～8:30 間就會到達第一家上市櫃公司；也因此有了這樣的機會可以觀察上市櫃公司營運團隊間的作業流程是否順暢。

當你很早到達股東會開會現場時，如果有發現公司的副總經理級以上的主管或老闆已經在現場，而且已經不徐不疾慢條斯理的調度指揮全場時，基本可確定這是一家穩健成長的上市櫃公司，不用懷疑或擔心這家公司，投資他準沒錯！當然我也見過 9:00 都到了，整個公司團隊才姍姍來遲的，那這個應該也就不用多說了，投資他最後必定血本無歸！

好的公司一定十分重視股東，所以從股東會的現場佈置、動線流程規劃、股東分流簽到、團隊人員管控、議事執行時間的掌控等都會十分用心，當你想要開始投資某一家上市櫃公司、但是卻不了解這家公司到底值不值得投資時，很簡單，先買進 1 股，掌握公司的所有資訊，現場開完會你一定會更清楚明白，這是不是一家值得投資的公司！

其實還有一個很重要的原因，各位知道嗎？當你擁有 1 股去開會現場領紀念品時，你可以去觀察這家公司員工對你的態度，還有現場主管在旁邊的神情，其實是很有意思的，這就是我說的隱身觀察，希望大家可以去體會一下！

我曾在現場看到很多真正的投資高手，那種低調到不行的一切表現，包括低調穿著，看似每年去領紀念品，其實都只是為了再確認是否要續抱這家公司。印象中最有趣的是，原本公司主管理都不理那位隱身小股東，甚至露出鄙視神情，可能以為只是來領紀念品的；而當這位隱身小股東拿出另外一張開會通知書時，主管臉色大變，鐵青到

不行，我想是那位隱身小股東對主管說了一句：我想我手中的另一張開會通知單裡的股票應該要賣掉了。……其實隱身小股東是名符其實的大股東代表，所以股東會的現場經常存在很多隱士高手。

找不到開會現場的股東會

這也是股東會很特別的一個現象，記得那天約莫 8:15 分就找到開會地址的門牌，停好車還得要先到管理室換證，接著穿過社區 A 棟再經過一個中庭到社區 B 棟，原本以為會在一樓開會，結果還要上樓，上樓後發現現場沒人，傻眼！

結果，我也只好在 A、B 兩棟間走來走去找開會地點，好不容易的也遇到同樣來開會的投資人，最後回到我一開始就找到的開會地點，此刻時間已來到 8:45 分！接著發生有趣的事，上市櫃公司人都還沒到，一堆股民已經陸續擠滿開會現場外的走廊，而這家公司的人員直到 9:10 才匆匆忙忙的開始佈置開會現場；當天，這家公司現場爆發了股東與工作人員間劇烈的口角及肢體衝突，並上了新聞，而我在一團混亂中悵然離開。各位聰明的投資人，你敢投資這家公司嗎？

我要強調的是，讓股東遍尋不著開會現場，這是一件很有問題的事，當公司不希望大股東找到開會現場，並藉由複雜的場地來拖過議決時間時，多半是因為該年度的營運狀況不佳而怕股東現場鬧場；這些，都只是經營團隊怕失去經營權的一些小手段，這樣的公司建議大家千萬不要投資！

整場黑衣人的股東會

另外一種整場由黑衣人吞沒股東會現場的公司，近幾年大概有 2 場上了新聞版面，而且還多家媒體聯播，這樣的公司一般來說都隱藏了可見的龐大利益，在公司派與市場派都耐不住性子的情況下，只好請人團團包圍住開會現場來阻止議事的進行；當然，也有純公司派內的經營權之爭，這是比較偏向於家族內經營理念不一的狀況。姑且不論是哪樣的經營權之爭，各位可要靜心思考一下，開會現場有必要讓

黑衣人包場嗎？

　　我的個人建議在此提供給大家參考，這樣的公司在股權之爭期間，股價的波動一定很劇烈；但當最後經營權確定後，這些型態的公司股價也會在很短的時間的回到原本的起漲價位。也就是，當下大家為了搶經營權，所以短期間勢必調度大量的資金來購買該公司股票，那麼公司的股價自然就很容易推升上去，「股價推升，有量就有價」。換言之，當不再需要股權時，就會像是選舉後的執政權確定一樣，當我確定我至少有 3 年的時間可以完全掌握董事會時，執權期間只要維持一定股數即可，暫時不需要的股權就會擇機拋出！

　　因此我們總結一下，這種類型的股票是可以買的，但一定要乘勢購入並隨勢出場。同時我提到的因為有著龐大的利益，所以當然可以借助新聞話題性來炒作股價。另外，我會在第四章再另外分享你該如何觀察公司的新聞面來順勢操作。

▎10 分鐘的股東會

　　在我參加過的股東會的經驗當中，有非常多家的上市櫃公司會在開會 10 分鐘左右就結束了，對於這樣的公司，我的看法大致上是這樣的，**該公司股權集中、公司營運經營主軸穩定**。換言之，這樣的公司基本上都不會有太大的營運問題產生，說起來公司是穩定的，唯一我看到的隱憂及需要觀察的重點，大概有兩點，其一是公司現階段的營運執行進度是否符合預期；另外則是在營運計劃執行進度及未來計劃營運方向上是否能夠流暢的接軌。倘若這兩個要件不俱足，那麼便表示這家公司可能有另外這兩種狀況，其一是，公司未來營運方向未能有效規劃出創新的產品或服務，表示這家公司比較缺乏題材性，短期間股價要有很好的表現是比較困難的；另外的一種狀況則是公司保留了重要的發展訊息，因而不免會令人擔心公司是否對股東保留太多了。

　　總結來說，該公司至少很穩定這是很重要的，股權也夠集中的情況下，經營團隊是否要開誠布公的與股東分享整體營運進度及未來發

躲在大叢花海後面，應該還是聽得到台下小股東喊著出來面對的聲浪吧！
資料來源：作者提供

展計劃，那麼你在現場時就要特別觀察董事長的個人特質，這個部分就特別著重在個人的人生經驗上了，當然你也可以延伸做出經理人的學經歷背景研究，透過對經理人深度的認識，你也可以看出這家公司是否值得投資。

議事現場看不見董事長，卻聽見董事長滔滔不絕的營運報告

這位經典代表人物，他其實不是故意躲在花叢裡，他只是不喜歡拍照！有圖有真相，每年都是大花海包圍，你可清楚觀察到這位董座人格特質。

很多朋友都說這位公司董座因為投資上頻頻的出狀況，所以乾脆擺盆大花擋在講台前，這樣就可以不用面對小股東的炮轟了！

各位知道，這位富豪為了對所有股東有個交代，他可是卯足勁全力以赴，變賣了不少公司資產，2020 年還為了籌措資金辦理現金增資，真的很為難了！最後還是在 2020 年 6 月 23 日卸下董事長的職務，改由其二女兒接掌集團，期望在新的營運團隊帶領下可以為這家金控公司拉出一波好行情，重返榮耀！

基本上，這家金控的資產是不會有任何問題的，主要是經營團隊長期處在剛、柔兩強的對抗中，而不是陰陽調和的狀態，此外不順的投資方向造成了巨大的虧損，相信很多小股東都無法接受。**但我個人的看法在此分享一下，金控產業跨足銀行、保險、證券這三大面向，本來就是不易經營的產業，即便在未來我的個人看法依舊沒改變，因為我也在花旗銀行待了約 7 年的時間，創業後同時也是在周邊的產業中，我認為金融產業最大的困難在政府過度保守，才會形成台灣金融業發展落後全球的情況。**

回到這個題目，其實最主要是想把在股東會看見的有趣畫面提供給大家，只是要讓大家記得，曾經有過一位文質彬彬的董座，他的個人特質其實對股東來說是值得懷念的！

最後還是要給大家一個建議，這家金控股價低於發行面額也就是股價低於 10 元時，其實買進後存股是不用擔心的，就憑這麼龐大的資產、客戶，認真經營必返榮耀！

董監事配票作業失誤竟導致經營權易手

會談到這個主題是蠻傻眼的！正常來說，上市櫃公司的股東會可能碰上董、監事改選（一般來說三年改選一次），這對經營團隊來說可是相當、相當、相當重要的事，但是 2020 年就發生了公司自己配票配錯而失去整個經營權的案例，這真的令人感到不可思議。

不過，我們還是要來審視一下，如果你在現場，對於這種即時議事結果的資訊該如何判讀！到底是原經營團隊太差，還是新的團隊太強，才有可能會發生這樣的事件。

我的看法是新的團隊太強，亦或是原團隊太弱，所以立馬研判後會做出決定：續抱這支股票！原因很簡單，這場由原營運團隊主導的股東會，竟然會拱手失去經營權，顯然新的團隊是值得被期待的，不過大家還是要留意我前面提到的，通常有經營權之爭的公司短期股價是容易被推升的，但千萬要記得：獲利至滿足點後就要立刻停利出場，千萬不要續抱這樣的股票。因為，新的經營團隊接管公司後需要重整再出發，基於資金有效化運用的角度，建議再找找其他投資標的，不要將資金留在剛經歷經營權大戰、經營團隊全部都剛更換過的上市櫃公司。

上市櫃公司系統評鑑表

總整理一下，我會依照下列辦理股東會的五大要件來評鑑我要投資的公司，並做成「上市櫃公司系統評鑑表」分享給大家。

一、**現場動線佈置評分**：是否清晰明確的劃分領取紀念品及入場簽到的動線、引導員工是否親切等，最重要的是樸實。

二、**現場人員互動評分**：對股東身分一致性的互動及團隊分工合

作良好會令人印象深刻。

三、**經營者特質評分**：董座責任感強烈，懂得感恩，且願意與員工一起分享獲利，同時願意培訓員工及規劃員工未來發展。

四、**議事執行流程評分**：按部就班掌控議事進度，不拖泥帶水且有耐心，顯現出公司經營的穩健。

五、**其他特殊現象評分**：上下齊心的公司，亦屬難得。

上市櫃公司系統評鑑表							
公司	股票代號	動線佈置	人員互動	經營者	議事執行	特殊現象	給予評分
信邦	3023	★★★★★	★★★★★	★★★★★	★★★★	★★★★	★★★★★
備註	一趟股東會現場可以幫助你完整了解一個團隊運作狀態，本家公司對我來說印象深刻，現場佈置簡潔清爽，員工服務親切，董座也不囉嗦有耐心，特別對股東及員工都有，議事時間掌控良好，所以會是我要加碼的標的物之一。 PS：我僅憂慮經營面主軸是否會有過多無法負載的問題，其他並無問題！						

1-3 除了股東會，臨時會也不可錯過

再次提醒：千萬、千萬、千萬別以為上市櫃公司只有股東會要注意，因為還有 N 個可能發生的「臨時會」。召開臨時會的狀況很多，其中應該注意的事項，我也會分析讓讀者快速的判斷該上市櫃公司召開臨時會的因素。

公司法第 170 條規定，股東會分下列二種：

一、股東常會，每年至少召集一次。

二、股東臨時會，於必要時召集之，並非僅有一次，須特別留意。

會特別召開股東臨時會的狀況，多屬於股權爭奪的上市櫃公司，而這樣的公司不僅有短線上的股價收益，公司派及市場派為了爭奪股權，雙方皆有可能祭出十分優惠的股東會紀念品，通常紀念品的市值

都會超過五百元。所以當你收到股東臨時會通知書時，一定要特別關注該檔個股短線的表現是否有機會介入，這也將是你可能的獲利來源。另外，還要特別留意股東臨時會召開的時間。

公開發行股票公司若有臨時會召集，須於十五日前通知各股東，而對於持有無記名股票者，須於三十日前公告。因此，你一定要特別留意公開觀測站提供的訊息，才不會錯過這些有股權爭奪戰的上市櫃公司的短線表現；另外則是股東臨時會的紀念品，也是不錯的獲利來源。

公開觀測站：詳細記載全台上市櫃公司股東會及臨時會議程時間及開會通知書完整說明

https://mops.twse.com.tw/mops/web/t108sb31new

你也可以從下面嗨！投資，這個網站看到整理過的資料

https://histock.tw/stock/gift.aspx

臨時會召開的法令重要資料來源：公司法第 172 條之 1、公司法第 165 條，資料來源：（全國法規資料庫）

https://law.moj.gov.tw/LawClass/LawSingleRela.aspx?PCODE=J0080001&FLNO=172-1&ty=L

▌再次整理股東臨時會的重點

一、股東臨時會的召開通常有兩個狀況，一為當年度的股東會議案並未通過法定 50%以上半數決議，因此代表該公司的董事會並未持有 50%以上之股權，所以需加開臨時會來通過次年度的董事會執行議案；換言之，這樣的公司股權較不集中，就可能會造成股權的爭奪狀況發生。那便表示你可能在短線操作上會有較大的獲利空間。當然你一定要深度了解該公司是否值得你進場投資。

二、若公司的董事會連基本的持股都未滿 50%，那麼也代表董事會的掌控力較為不足；因此，這樣的公司營運狀況通常問題是較多的，所以你要留意的關鍵是：「召開臨時股東會的原因為何」？透過

開會通知書，你便可窺探一二；另外公司法的法條也要稍作研究，理由是有不少臨時會召開很容易發生胎死腹中的狀況，很多是不符合法令規定所致。故，多花點心思判斷一下臨時會的召開理由，也是一件相當重要的功課。

三、無風不起浪，你一定要了解魔鬼永遠藏在細節中。我在 1-2 節當中說了很多曾經發生過的股東會狀況，而這些狀況同時也會發生在臨時會上，其中有關經營權爭奪是大家最關心的，一家公司含有重大利益才會發生經營權之爭，所以此刻的你要多留意「公司派」及「市場派」兩邊的實力，以及可能經營權易主的結果，在第三點中我要特別告訴你一件重大秘密，當臨時會即將召開的最後幾日內，在短線上你一定要體認一件事，不論最終的結果是哪一派獲勝，在經營權大戰後，股價就會回到原有的價位，所以你一定要選對時機將手中的持股降低或歸零，獲利出場。這個主要的因素，是兩派都會在決戰並取得經營權後拋出手中的持股，原因是許多的資金都是為取得經營權而調度，在順利透過臨時會取得經營權後，股價就會回到原有的價值。

外行看熱鬧，內行看門道
臨時會常常運用媒體操作進行經營權之爭

本書核心為股東會現場，但越來越多的上市櫃公司會透過媒體進行股東經營權之戰，所以我將另外補充說明，協助你瞭解在現場外的觀察要件，另外更要補充「獨董有權可以發起召開股東臨時會」這件法律操作要件。

2021 年最知名的案子：股票代號 1504，東元父子老黃與小黃之戰，起因為小黃對於老黃掌控的東元公司經營上的理念出現差異，因此引發該年度的經營權之戰。

本案例主要涉及三派人馬，老黃、小黃及寶佳三方，原本這場戰役應該是由寶佳集團發動，但無奈寶佳在 2020 年爆發「勞動基金炒股案」，正處在風頭上，因此只好結盟小黃先完成董事席次的取得，不

過這次的小黃從原本想鎖定「**獨董有權可以發起召開股東臨時會**」席次專攻獨董，最後幾經盤算後決心穩穩拿下 3 席一般董事，從此東元將進入三雄鼎立之勢，分別由老黃 4 席、小黃 3 席、寶佳 3 席、華新 1 席；換言之，東元這家公司必定在 3 年當中（或任期屆滿之際），將又會有一場經營權之戰，那麼聰明的投資人就一定要擅用你已掌握的資訊進行波段的投資。

熟悉法條、現場觀察、洞察媒體操作，這些都將會是你必須一步步學會的投資觀察重點，缺一不可！全面性的學習，將會成為你投資上市櫃公司立於不敗的基石。

1-4 一定要認識的開會通知書

當你的投資目的不同時，此刻最需要參考的正式文件就是「股東會開會通知書」。且不論你是為了掌握每一家上市櫃公司的營運計劃進而進行投資，或是單純就是為了股東會紀念品而來，熟讀開會通知書將讓你在投資上市櫃公司或是領取股東會紀念品上無往不利！

在前面章節中已經提到開會通知書的重要性，所以本節將著重在兩個部分，第一要讓你掌握開會通知書的重要訊息，第二要能確保即便你目前是零股的股東，也同樣能收到每一家上市櫃公司寄來的開會通知書，資訊不漏接。

一、認識開會通知書

先認識一下股東會開會通知書正面重要資訊：

【股東基本資料】：郵遞區號、通訊地址、股東姓名、股東戶號

【開會通知書】：開會時間、地點、會議召集事由、盈餘分配、公司法 172 條規定之公開資訊揭露、股東徵求委託書必要揭露之徵求人資訊、本次股東會委託書統計檢驗機構。

【電子方式行使表決權】：電子投票時間表（一般來說是開會前 30 天可以開始電子投票，截止時間為股東會開會日前 3 天）

【領取股東會紀念品簽章處】：簽名或蓋章皆可

股東會開會通知書（正面，樣張）

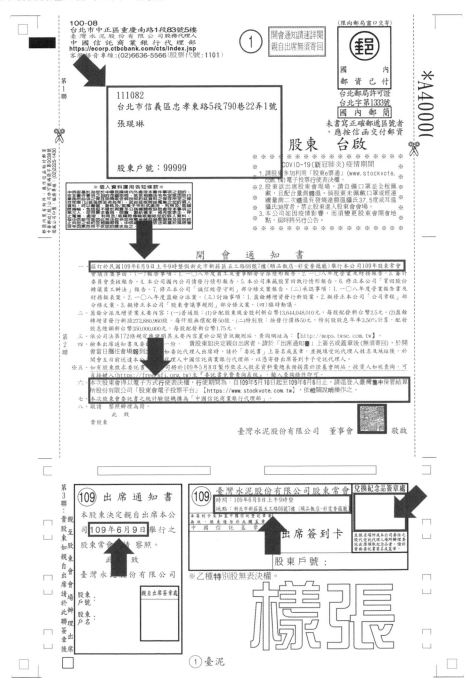

背面是股東服務通知重要資訊：

【股東會紀念品】：喜客一族（本案例）

【領取紀念品規定】：徵求場所、領取時間、領取簽名、蓋章授權

【紀念品發放原則】：千股出席領取或零股電子投票領取說明，分別又分為出席領取時間、不出席領取時間、電子投票領取時間及相關領取股東會紀念品必須準備的資料。

股東會開會通知書（背面，樣張）

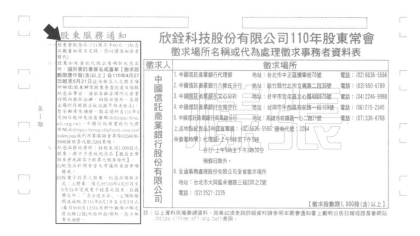

【現金股利匯撥申請書】：一般都會將你的入帳資訊打印在上面。

現金股利匯撥申請書（樣張）

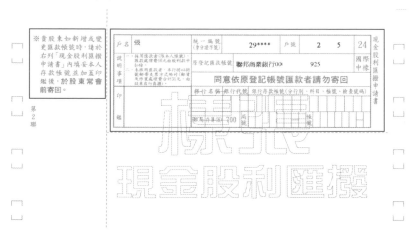

38

【委託書填表須知】：主要核心結構有委託人（即股東）、徵求人（股東依公司法規定將該年度的股東投票權益交付之對象）、受託代理人（委託人除直接交付徵求人外之第三人）。

委託書（樣張）

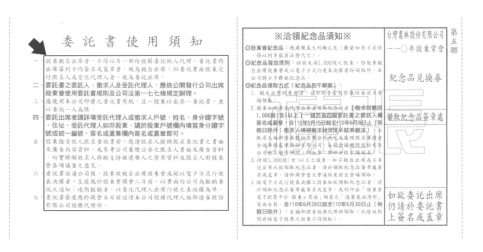

二、如何補發開會通知書

在現行的法令規定中，若你未持有 1 張完整上市櫃公司股票，該上市櫃公可不寄發開會通知書。

沒錯，你千萬不要誤會為何你同樣是該公司股東，卻無法收到開會通知書，答案就是持股太低的緣故，上市櫃公司依規定可以不寄發開會通知單給你。

開會通知書在許多人眼中就視同是股東會紀念品的門票，其實不然；我倒覺得開會通知書帶給投資人的重要資訊，才是你必需要擁有的關鍵理由。同時，這張開會通知書更是你可以前往股東會開會現場的門票。

琨琳老師提供一個徹底解決問題的辦法，答案是主動打電話去每一家上市櫃公司股務部或券商股務代理部申請補單，這當中又分為：個別補單、永久補單兩種。

股東常會（臨時會） 開會通知書永久補發申請書

申請日期：_____年_____月_____日

茲申請台新國際商業銀行股份有限公司股務代理部所代理之全部公司，於每年開會通知書寄發日後，針對有發放股東會紀念品之公司，申請補發仟股以下之開會通知書。並依股東通訊地址寄發，特此聲明。

此　　　致
台新國際商業銀行股份有限公司股務代理部

申 請 人 姓 名：_____
（ 受 託 人 ）
身 分 證 字 號：_____
連 絡 電 話：_____

請蓋申請人印鑑

※請檢附申請人身分證正反面影本一份※

序號	股東戶名 (委託人)	身分證字號	印鑑	序號	股東戶名 (委託人)	身分證字號	印鑑
1				11			
2				12			
3				13			
4				14			
5				15			
6				16			
7				17			
8				18			
9				19			
10				20			

聲明上述申請係委託人全權委託受託人辦理前述公司股東常會(臨時會)開會通知書補發事宜，對於本授權行為所生一切權利義務或有法律上之紛爭，概由本受託人負責，與 貴公司無關。

※恕不接受傳真申請，請郵寄正本至股務代領部或臨櫃辦理。（地址：台北市中山區建國北路一段96號B1）

※若受託人亦需申請時，請加填委託人欄位；倘若名單有變動時，請僅填新增之資料，已申請過之名單請勿重覆填寫。

收件：_____　　登記：_____　　編號：_____

填寫一張永久補發申請書及各類資料補充說明：

本人申請：準備身份證正、反面影本，蓋上申請人印章即可。

委託辦理：受託人即申請人，同樣要準備受託人、委託人身份證正反面影本，並蓋上印章即可完成永久補單。

一般來說，如果你持有的上市櫃公司股票很多的時候，這工作會需要花上一點時間。

1-5 股東會紀念品背後學問大，商機無限多

股東會的紀念品多半是些不起眼的小贈品，可是紀念品也會透露出背後的許多商機。前面我們有提到，觀察任何事情都要查看細節，在這小節中我想先建立你觀察股東會紀念品的架構及應注意事項，而在第五章時我會特別擴開你的邏輯思考力，用實際的案例來擴大你的想像力，幫助你透過這個小小紀念品來觀察上市櫃公司的思維。

股東會紀念品發放的三個觀察要件：

一、建立股東會紀念品連動關係：

你可以特別留意，上市櫃公司發放的股東會紀念品，是否為母子集團商品。這是許多公司會進行的交叉行銷方式，同時可能為母子集團帶來可觀的營收。有些上市櫃公司會為準備上市的公司進行曝光，當然也可能將業績注入子公司以優化財報。不過，我要特別說明一個我經常看見的現象，不少資深老牌的上市櫃公司會將業績灌入某特定公司，說穿了就是優化自己的家族關係企業，那麼這樣的公司你就可以考量是否需要再加碼投資；畢竟這樣的裙帶操作方式是不利股東的，由古至今皆無好果，且不須多時便會惡名傳遍市場，想再獲得投資人的青睞，更是難上加難。**因此，藉由股東會紀念品發放的連動關係，你可以了解一家公司是如何運作集團內的資源。**

二、評估紀念品帶來的可能營收：

從早期發放股東會紀念品的出發點為公司回饋小股民的規劃，已經進階到與股民間的互動式計畫，這點也是現在上市櫃公司必須要發展的方向。簡單舉個例，公司只需要先評估近 3～5 年的股民領取紀念品的數量，那麼就可以找出公司自己的優勢，設計一套多樣性的商品或優惠兌換券等等，那麼就可以透過紀念品去精算出股東會為公司帶來的潛在營收。這是我相當期望的上市櫃公司未來的發展，但時至今日約莫有九成以上的公司不知如何做好這件事的規劃，這也是很令人傻眼的一件事；雖剩下的一成不是很多，但我相信時間的巨輪，將會推動上市櫃公司在面對股東會紀念品的規劃上，做出對股東及公司都能雙贏的營收計畫。**因此，當一家公司若能夠規劃出有利公司營收及股東雙贏的計畫時，那麼便代表這家公司是家可投資的優質公司。**

三、透過紀念品觀察公司發展性：

回到最初的紀念品本質上，你可以觀察一個重點，若一家上市櫃公司願意與股東共榮、共利，那麼這樣的公司絕對會是你可以投資的公司。你一定會很好奇要如何觀察，對嗎？其實，很簡單的，我用這樣的舉例來說明，如果你手中的這家公司在近 5 年當中發出的股東會紀念品分別是：手腕式血壓機（市價約 1,500 元）、掌中體脂機（市價約 800 元）、無線藍芽耳機（市價約 800 元）、七彩 LED 檯燈（市價約 800 元）、多功能工具組（市價約 300 元），這些都是依當時年度的市值參考，且不論你持有的公司股數多寡都是一視同仁般回饋股東；你是否會覺得這家公司對於股東的態度可稱之為共榮、共利呢？如果你覺得是正向的，那麼相信你應該也能夠決定是否加碼這樣的公司，對吧！沒錯，我等等會公布哪家公司！

請讓我再繼續補充這家公司在紀念品上的用心及董事長的氣度，該公司目前的五大產業發展方向：醫療及健康照護產業、汽車產業、綠能節能、工業應用、通訊電子周邊等，恰巧都與股東會紀念品有著一定的關聯性；而這就是股東會紀念品與公司營運發展方向有著綿密

的結合關係。接著，就讓我公布這家公司，相信可以幫助你快速了解紀念品與公司的發展性有著息息相關的代表。不過，我還是要補充說明一下，並非我一直力推這樣代表性的公司，而是，我相信有大氣度的公司，在未來的發展上一定會獲得投資者的青睞。

因此，你要觀察的重點是股東會紀念品是否與公司營運發展方向做了完美結合；另外一個重點即是公司發放紀念品的態度與格局，這些都是影響你是否要加碼投資該公司的核心關鍵。

信邦在股東會之前的股價走勢圖

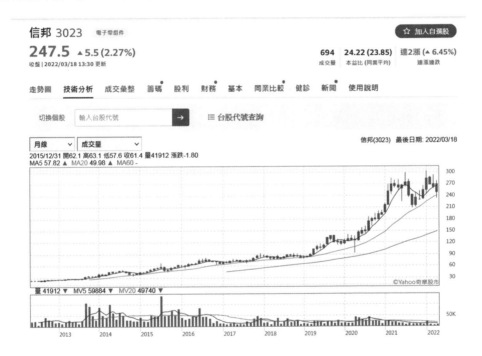

這家公司我從 50 多元持股至今，你可以運用長時間觀察來決定你是否要加碼這家公司。

Part 2

透過零股
廣蒐全台上市櫃公司最新動態

當你想要掌握全台上市櫃公司最新的礦場動態時，其實不一定要投入大量的資金，只要透過「零股」投資後，你就可以掌握每家礦場最重要的資訊；或許你會很好奇我目前持有的零股大約有多少家，共花費多少金額？且讓我告訴你，我目前持有約 700 家上市櫃公司，總投資金額約莫 3 萬元；因此，我要告訴你的關鍵重點是，擁有多家上市櫃「礦場」其實不需要花費你很多的資金，但卻可以掌握不少礦場的最新資訊。接著，我們就來一起深度了解如何透過券商的優惠取得你想要的礦場，本章節的核心在於完整擁有你想要的上市櫃公司礦場。

2-1 透過買進零股，
成為上市櫃公司股東並掌握礦場資訊

接著我要說明的是，在成為上市櫃公司零股股東後，你將可以迅速掌握上市櫃公司 5 件重大資訊：股東會、股東會紀念品、臨時會、增減資案、股利發放領取說明，並可以領取優質的股東會紀念品。

首先我們還是要先想辦法成為上市櫃公司的股東，再來，當你成為上市櫃公司股東時，你一定要特別留意公司的營運政策，因為，你可能會因公司某個營運政策而失去上市櫃公司股東身分，同時，你一定要藉由這五件重大資訊提高你可能的礦場收益，我將一一補充說明。

只要擁有 1 股上市櫃公司的股票，就是該公司股東

不論你擁有上市櫃公司 100,000,000 股或是 1 股，你都是上市櫃公

司的股東，除了你無法介入或影響該公司的營運決策外，所有股東的各項權益你都將全面擁有，並可以透過這些重大資訊來進行波段式的投資，增加獲利。

舉凡下列都是成為一家礦場股東的好處：

一、享受每年的配股配息：

不論你持有的上市櫃公司股數多少，只要公司年度有盈餘時，那麼你都可以依比例享有該公司提供的股息、股利配發，也就是分派股子或股利。當然，如果持股偏低時，可配發的股息會因你持有太低而無法完成最低額派息，現金股利部分亦同。另外我要特別補充有關配息部分的說明，其實，最重要的是先持有一點零股，讓優質上市櫃公司團隊將重要的訊息提交到你的手中，再經你判斷後決定是否加碼該公司，最後完成「用錢滾錢」獲取最大的收益。

二、透過股東會，你可以掌握內部資訊：

經由股東常會、股東臨時會的重大公司營運議題第一手資訊，你可以決定是否參與該公司當年度的除權、除息。這是成為礦場一份子最重要的因素，同時我不斷地重複這件事的重要性，希望你可以好好的研究股東會、臨時會這兩個重要會議，相信可以為你帶來的獲利絕對會超過你的想像，在第四章我會有完整深度的整理，搭配各種工具及觀察要件來獲取更驚人的收益。

三、得知增、減資營運計劃：

研判是否在增資、減資前後要進行加碼或減碼投資。一家公司不論是增資或減資，其背後原因是一定要探究的，且不論公司何時發表這項新聞訊息或寄發通知書，你都要立刻投資一定時間好好研究一下，因為短線上的這項訊息，一定會引發該公司的股價波動；因此，身為股東的你一定要好好掌握每次這樣的機會。

另外，由於增減資很容易造成你失去股東身分，所以，我會在說

明完成為股東的好處後，立刻為你補充增、減資對股東的影響有哪些？你一定要好好汲取我為你整理的資訊。

四、取得股東會紀念品：

別小看股東常會、股東臨時會的小小的股東紀念品，卻暗藏重大的投資意涵，當中包含了上市櫃公司發放該商品的緣由，可能潛藏轉投資的未上市公司等。在瞭解了透過股東會紀念品增加你的想像力後，我會再提供一個進階版的「聰明理財新生活運動」，希望可以再開拓一個不一樣的投資視野給你。

在每三年一次的董事、監事改選過程中，絕對是最、最、最可能引發經營權大戰的時機點，相對的在這個波濤洶湧的時刻對投資人來說，若是掌握得宜，相信會是財富倍增的重要時刻。

在此先做個小總結，買進零股就能成為上市櫃公司的股東並輕鬆擁有公司的第一手訊息；即便是成為 1 股股東，你都應該要投入這筆資金來確保能掌握完整掌握上市櫃公司最新、最完整的營運訊息，你說對嗎？

下面，我們繼續談談如何確保你股東的身分永遠不變！

會影響你失去公司股東身分的政策有哪些？一、增資；二、減資。

上市櫃公司每年的股東會都可能有增資及減資的狀況發生，不論是增資或是減資，你都可以先簡單的了解一下，同時在我說明的過程中，請你也要運用聰明的頭腦思考一下，當你遇到增、減資時該怎麼操作股票？操作是靈活的，但我會特別這麼說的原因是，每家公司都會有其增、減資的背後原因，並非只有那麼單純的因素；細節、細節、細節，細節是你要練習或模擬投資的觀察重點，下面我們先分享簡單的概念給大家。

一般來說為什麼要增資呢？

最簡單的增資定義，就是為了增加公司的股本。通常方式有 3 種：

一、現金增資

現金增資就是公司發行新股票的意思，也就是向新股東募資，但這種方式會造成股數增加、股本膨脹，盈餘就會被稀釋，再加上募集增資時價位通常是低於市價募資，這樣目的是為了吸引新股東買入。因此重點如下：如果公司增資是為了擴大營運，這樣參加增資的投資人會比較放心；但是，如果是為了彌補虧損而進行增資，那麼你就要考慮是否參加現金增資了。

綜合觀察重點：

為了提高增資的認購率，短線上若增資價位低於市場價位，公司通常會將市場價位再拉高，這樣就可以提高本次增資的認購率；若是反之，認購價位高於市場價位時，同樣的公司也會拉高市場價位，但是你要特別留意增資股票的交割日；看起來，似乎都會拉高市價，因此你不要被增資的市場價位及認購價位給疑惑了，你一定要特別審視該公司辦理增資的核心議題為何？短線操作掌握好一定獲利即可出場，而長線投資則應考慮更多的加碼理由，如充足，當然就可以進行加碼持有該公司股票。

二、盈餘轉增資

盈餘轉增資是比較好的消息，也就是公司拿獲利的錢轉成股份，透過股票股利發放方式，將現金保留在公司內部運用，但又不會造成股東的權益下降；但是，因為股份整體來說增加了，所以未來淨值收益可能會下降，但就現況來說，股東權益不變。這種增資方式，對公司還有股東來說算是綜合平衡的方法。但近幾年 9 成 5 以上的上市櫃公司多不採用這樣的方式了，因為，現在投資人都希望能早點獲得股息或現金股利報酬。

三、資本公積轉增資、員工紅利、員工認股

資本公積就是公司拿經年存下的老本公基金發放給股東，通常會這樣發放資本公積金，大多是老上市櫃公司整體營收衰退、公司成長變遲緩，缺乏營運新主軸，因此才會拿資本公積金當作股利發放，這個通常就是鈍化的上市櫃公司才會發生。

員工紅利跟員工認股會比較少被關注，上市櫃公司為了獎勵員工實施綁人鼓勵政策，跟一般投資人比較沒直接關係。

▎那又為何麼要減資呢？

最簡單的減資定義，就是為了減少公司的股本。一樣有 3 種：

一、現金減資

現金減資，就是公司將現金歸還給股東，而運用現金減資的公司，通常多已是很成熟的產業，或是在短期內公司並沒有資金上的需求，也沒有新的營運發展主軸，所以公司就乾脆將多餘資金退還給股東。實務上，公司就是強迫將股東手中的股票換成現金，通常發生減資後，代表營收要再成長也有困難了，不過還是要看該公司經營團隊的說法，並非只有一個面向而已。

二、庫藏股減資

庫藏股就是上市櫃公司將市場上流通股份買回來，變成非流通的股份，並將這些買回的庫藏股註銷掉，稱之為「庫藏股減資」，用增資的角度來看就像是盈餘轉增資的意思，另外還有一個原因就是大股東為了節稅，透過庫藏股買回公司的股份，可以降低個人年度的所得支出，不過很多人都把這個解釋為大股東對自己的公司有信心，所以大量實施庫藏股減資。就我經常看到的一個問題，很多上市櫃公司大股東的持份其實都不是很高，所以我還是會比較偏向股價上的題材炒作居多。不論是什麼，同樣還是要看什麼樣的公司及大股東在宣布這項措施的出發點為何來判斷。

三、減資彌補虧損

有不少上市櫃公司因為虧損連連，會運用這個減資計畫來瘦身。通常多是淨值低於 10 元股價的公司，因為 10 元以下的股票會被列入不得信用交易，如果公司淨值低於 5 元會直接不能全額交割，所以透過減資將股數縮小、提升公司股價淨值（也就是因為股本縮小，所以相對市場股價就可以回到比較高的價位），避免股票在交易市場受到多重限制的局面。

因此，會發生減資彌補虧損的公司，確實有很多的潛在因素，我還是會建議投資人要避開這種可能下市、但也可能大漲的公司。最主要是因為我這本書的讀者比較偏向新手投資人，我個人還是建議在學習投資的過程中最好基礎觀念都能夠扎實點，如此在你進階的學習其他投資觀察要件時，可以更穩健些。

千萬別急者投資，你可以先觀察或模擬皆可，但不一定要立刻出手，除非你功課做的很足並有充分的理由支持你加碼，那麼你就可以按你的規劃進行投資！

綜合觀察重點：

減資不論對公司或投資人來說，確實是一件深不可測的操作。我會這麼說的原因是，就公司表面上看，這 3 點都有各自的理由，但實際上的潛伏因素是更多的，我特別要提醒你的是，仔細觀察投資標的的董事長在市場上的關鍵發言及常年度的公司營運風格。因為，我不希望你遇到一家很懂得操作股民投資心態的公司，血本無歸的事，常常發生在減資的公司上。就來說個曾經發生過的時事，希望可以幫助新手投資人了解「減資」這件事可能會造成你相當大的虧損。

2012 年黯然下櫃的力晶公司，經過 9 年後重新上市，並改名為力積電。這個事件相當具有教學意義，你可能要搜尋 2012 年以前的減資新聞，許多投資人於當時面對該公司幾次的減資後，幾乎都血本無歸（下市時 0.29 元），當然，這個故事的重點，我個人認為幾次減資的理由固然成立，但耐人尋味的地方在於公司在 0.29 元的價位上大量搜

購小股民的股票，這是個很有趣的收購點，細節還是由各位讀者搜尋過去的新聞資訊，個人就不多做評論；本件時事要提醒大家的是，減資這件事的背後核心一定要深究。

或許你也可以有機會可以跟董事長一樣從 290 元/1,000 股開始搜購，經 9 年後上市價格為 78,000 元/1,000 股，可謂勇氣之戰；但事實的背後你一定要好好研究，畢竟一家公司董事長經過多次減資後再大量加碼搜購小股東的股票，這一點確實是有疑慮的。你可以換位思考看看，為何不是加碼自己公司後再減資，理由很簡單吧！因為，不會有這麼傻的董事長吧！因此，面對減資的公司，深思熟慮盤點每件投資細節後，你再決定是否要加碼投資該公司。

我再三的提醒大家，一定要特別留意「減資」的上市櫃公司；減資是一家公司相當重要的營運計畫宣示，同時潛在許多背後因素，若是手中持股不多，好好研究或許你也可以享有驚人的報酬；但也可能發生血本無歸的狀況。當然，有些公司減資後的股價表現是令人讚賞的。

總結：公司營運中發生增減資案，對領取紀念品的影響最大

不論最後是增資或減資，對本書想要先掌握金色山脈的重點來說，若你的持股不多影響並不大，但你還是要留意，這兩種模式都會造成你可能無法再成為該公司股東，特別是你若只有 1 股的情況下，那麼你要如何才能繼續成為該公司股東呢？很簡單，也就是增資時你需要補上增資款項才能繼續成為該公司的股東，而減資時就要看你剩餘的零股股數有多少？若是 1 股狀況下減資後當然就會變成 0 股囉！所以增、減資對 1 股的投資人且投資目的為了股東會紀念品的，絕對會是最大的傷害。不過，你也不用想太多，記住，減資後再回補那 1 股即可，千萬不要減資前就買入。

但對投資人來說，到底是好消息還是壞消息？因應每家公司的營運團隊核心、經營方向及策略等等因素大不同，此刻的你更需要藉此機會深度研究該公司；至於是否該透過增、減資案這個時間點加碼或回補該公司股票，相信看完本節後你心中也一定有評估這件事的方向

了。

最後，對於為領取股東會紀念品的小資族來說，減資後你可就一定要記得再回補該公司股票，另外若你認為該公司的增、減資案未來可能有不錯的發展，那麼你還是要記住回補該公司股票，這樣你才能持續觀察每個礦場的發展。

另外，從本章開始至本書結束，我會將股東會選股方式、股票投資操作技巧、獲取紀念品的重要關鍵規則等等，用特別補充說明或單一章節分類為大家說明；因此，你要特別留意每個標題所要敘述的重點，這主要原因是股東會與紀念品連動關係太密切，所以我希望盡力做出詳細說明，至少讓你成為一位紀念品達人是不成問題的，然後再進階行動成為股東會的投資達人，最後運用各種選股方式及投資技巧來完成你的財富自由。

2-2 開戶需準備的資料

相信你一定迫不及待，立刻想掌握多家礦場的重要資訊！別急喔，你要先完成開戶！由於每家券商都有提供多樣態的開戶方式，加上我並不想放入過多的冗圖或文，但又考量你可能還是位新手投資人，所以，我希望能在這節中就整理好你需要的相關資訊。

未成年、成年開戶條件限制：

未成年在開戶上是有條件限制的，所以開戶時你要參考「臨櫃開戶」這個選項進行未成年的開戶作業，父母親（即監護人）必需備妥證明文件，一次整理好，不然你會開戶開到痛不欲生。

一、未成年依不同年齡定義作業流程

1、7 歲（不含）以下者，由法定代理人代為簽名；也就是爸媽代簽小孩名字。

2、年滿 7 歲（含）以上未滿 20 歲者，需由委託人親自簽名；也就是你的小孩需要自己到場簽名

二、攜帶文件

1、委託人（也就是你的小孩）身分證正本或戶口名簿正本；

2、法定代理人（父母雙方）身分證正本。

3、委託人、法定代理人第二身分證明文件正本（如：護照、駕照、健保卡）。

4、銀行存摺正本。

5、如果法定代理人（即受託人）有一人未到場，可以透過授權書辦理；出門前請先向開戶券商及銀行索取授權書，請留意：銀行與券商的授權書是不同的兩種樣式。

很多銀行或券商公告的開戶資料上常常寫的都是影本即可，但是我仍然建議你還是帶著正本去辦理，相信我說的，一定會比較有效率。

三、受託人只要有一人未能到場，就一定要提交授權書

再次幫大家歸納了一張快速開戶條件限制判別表，出門開戶前，再確認一下你是否需要攜帶授權書；授權書樣本出門前請記得向券商及銀行索取，避免白跑。

快速開戶條件限制判別表			
開戶條件限制	手機 APP	電腦 AP	臨櫃開戶
成年	可以開戶	可以開戶	可以開戶
未成年	不可以開戶	不可以開戶	可以（但一定要授權書）

四、相較之下，已成年的開戶方式簡單許多

普遍來說，券商都已進入了 E 化開戶時代，現況以手機 APP 開戶最為便利，當然你也可以透過電腦網路線上開戶；雖然我不建議，主要是券商線上開戶目前正銜接微軟瀏覽器 IE 版本、edge 及券商線上開發版本 Chrome 等多樣性問題，可能會造成你開戶作業上的困擾，所

以這些是我不建議的開戶方式，但仍舊以你方便優先考量！另外，我也會盡可能整理下列券商的操作連結給你，希望可以幫助你順利完成開戶作業。

五、三家券商開戶方式及重要資訊

1、手機 APP 開戶及下單

券商	APP 開戶	APP 下單
永豐金證券	永豐金豐管家	永豐金大戶投 永豐金愛利得
華南永昌證券	華南好神 e 櫃台	華南好神準 華南永昌證券 華南好神算

券商	APP 開戶	APP 下單
群益證券	 群益 e 櫃台 群益開戶通	 群益掌中財神 群益行動贏家

2、電腦線上網路開戶

券商	開戶介面	AP 下單介面
永豐金證券	https://www.sinotrade.com.tw/openact？strProd=0002&strWeb=0002	https://www.sinotrade.com.tw/Tradecenter/Tradecenter_1_1
華南永昌證券	https://events.entrust.com.tw/news/accountopening-59	https://www.entrust.com.tw/entrust/software/index.do
群益證券	https://iopen.capital.com.tw/eopen/#/main/home https://www.capital.com.tw/event/template/Cmobile/goplus.asp？menu=4	https://www.capital.com.tw/Service2/download/king.asp

3、臨櫃開戶

券商	臨櫃開戶資訊/網站查詢
永豐金證券	https://www.sinotrade.com.tw/Location
華南永昌證券	https://www.entrust.com.tw/Accessibility/location/index.do
群益證券	https://www.capital.com.tw/location/#/location

PS：若你有以上三家券商線上開戶需求，需要我的協助，請用 Line 搜尋 id 帳號 @beestock 含@；並留言：「我是琨琳老師的讀者，請協助我開戶」，並請提供：1.區域所在地、2.行動電話號碼、3.人數，這三個資訊收到後，客服就會協助你，安排專職券商窗口代表為你服務。

六、開戶前需準備的重要資訊

「手續費是交易上的重大成本考量」，下面整理了最新各大券商交易手續費一覽表，讓你可以在第一次開戶就選對最佳的券商辦理開戶作業。

各大證券商盤中零股開放後手續費變動	
永豐金	每筆最低 1 元
華南永昌	每筆最低 1 元，凡上市上櫃及興櫃股票、權證、ETF 及盤中與盤後零股交易之各商品皆以實際手續費核收，低於 1 元者，以 1 元計算。 如單筆交易金額 1,000 元或以下，手續費 1 元。 單筆交易金額 3,000 元，手續費 4 元。 單筆交易金額 10,000 元，收續費 14 元。
群益	每筆最低 1 元
國泰	每筆最低 1 元
統一	每筆最低 1 元
富邦	每筆最低 1 元
元大	每筆最低 1 元
新光	零股每筆最低 1 元
第一金	零股每筆最低 2 元
日盛	零股每筆最低 5 元（整股沒限制），當日零股＋整股最低 20 元

評估你想要往來的券商，手續費及使用系統、工具都是考量的重點，畢竟「工欲善其事，必先利其器」，仔細評估是必要的。你可以在閱讀完本書後，依照你的真實需求來進行開戶作業。我在這提前整理一個方向給你，若你會使用到琨琳狂想 AP 下單系統，那麼優先次序

為永豐金證券→華南永昌證券，這是考量安裝系統的難易度而定；若無上述需求，目前群益證券我認為也是不錯的選擇。

2-3 券商下單與琨琳狂想下單 AP 系統介紹

在上一節中，我整理了券商開戶的方式及各券商電腦版的交易系統，手機 APP 的部分也都是我特別試用過，每家的優勢真的很不一樣，單是看網頁的介紹就可以知道，每家券商用心的著眼點是不同的，所以這節我想快速整理每家券商全方位下單系統主功能頁面；另外也會特別介紹琨琳狂想的電腦版下單系統給你一併參考。

1、電腦版 AP 下單系統：

① 永豐金證券【e-leader】

一登入後就會跳出 3 種樣式給你選擇，挑選合適的啟用。

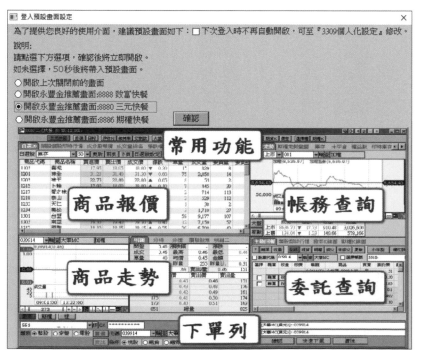

永豐金證券【e-leader】電腦版 AP 下單系統

我挑選功能代碼 8880 三號快餐。此券商電腦版為多功能下單頁面，因此你可依照自己的需求啟用其他代碼功能服務，例如 8880+8882 兩種功能的組合，是項不錯的可自己組合功能介面的系統。

② 華南永昌證券【華南 e 指發】

此為傳統下單介面，主要系統開發是委外廠商製作，所以就我體驗感覺來說，中規中矩，並與琨琳狂想 DoubleFix 系統串接，但就其測試環境來說，真的要大大改善才能與時俱進跟上其他券商的腳步。

③ 群益證券【群益贏家策略王】

本券商為我每日操盤的交易券商，不過要提醒大家我在此券商的交易以期貨為主，所以一般股票部分及 API 系統串接部分，我確實未有完整的體驗，待有完整體驗後再做後續補充。但就我每日的期貨交易環境來說，是相當清爽的下單環境，系統使用上未發生過斷線情事，個人覺得算穩定。

特別補充一則新聞：2021 年 11 月國內券商「1125 撞庫攻擊」遭到駭客入侵網路重複委託下單資安事件中，遭入侵攻擊的為：元大、統一、凱基，而國泰、富邦兩家證券也有通報遇到類似攻擊，但已成功阻擋駭客入侵，未有客戶遭到異常下單案件。

2、手機 APP 下單系統：

永豐金證券【e-leader】手機 APP 下單系統　　華南永昌證券【華南 e 指發】手機 APP 下單系統　　【華南 e 指發】華南好神準頁面

目前國內的券商主力 APP 都是委外開發，所以除第一層的功能頁面稍有差異外，主要的下單頁面都是一樣的，所以就不多做介紹；但你要留意觀察的是，每家券商的發展方向及客戶層都會顯現在手機 APP 裡，這也就是多一份用心觀察，就會理解每家券商的優勢為何。

3.DoubleFix：本系統是由琨琳老師研發團隊開發的零股自動下單比對、定期定股、定股定價三合一系統，目前可串接永豐金證券、華南永昌證券兩家券商，串接的零股持股資料主要是串接《股東會 DIY 活動》以物易物、惜福愛物使用。透過本系統你可以在 3 分鐘內就完成 700 家上市櫃公司的下單程序；除外這個系統可以自動比對你的庫存是否與我們活動持有的零股公司家數相同，未購買成功的公司透過自動比對後即可隔日再進行下單，是十分方便的自動比對下單工具。

功能：不可看盤、可下單。（限電腦版 Windows 軟體系統使用）

適用：適合參加我們活動的參與者使用。

同時也歡迎你透過 YouTube 搜尋：琨琳狂想 來了解我們的活動！
https://youtube.com/playlist？list=PLFSI65UJrqKKEb9DyQ7btbroI4W3skj
9c

另外，我也會在第 2-5 章用華南永昌證券案例，實做 DoubleFix 從
安裝到下單給大家看，先看看這個系統的初步介紹！

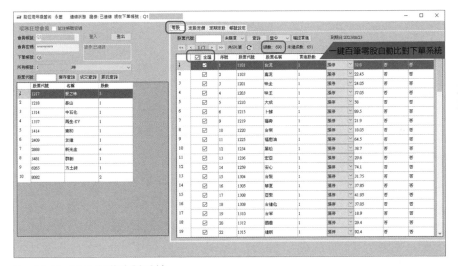

DoubleFix 零股自動比對系統

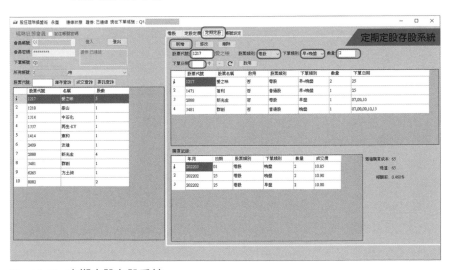

DoubleFix 定期定股存股系統

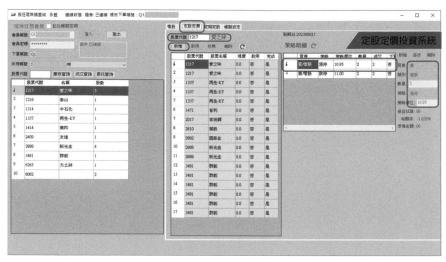

DoubleFix 定股定價投資系統

2-4 盤中、盤後下單有差嗎？

由於你現階段只是為了上市櫃公司礦場的資訊，所以只要購買零股就可以讓你成為股東，這件事挺簡單的；但，因為你可能是位新手投資人，同時可投入的資金或許不見得充足，所以只要是有關你一步步學習必須要學會或掌握的訊息、規則等等，我都希望你不要遺漏。相信在不久的將來你會理解，為何我這麼在乎要將所有我可能認為你需要的資訊傳遞給你；而我真心希望你好好吸收這些資訊，千萬不要走不必要的冤枉路！

新手零股下單補充，目前市場已分類為：盤中、盤後下單兩種，而我將對於你在盤中或盤後下單之別，做完整交易制度的說明；特別是下單的規則你一定要清楚，這與整張的**逐筆撮合**(註4)下單是不同的；若你只是單純想獲取紀念品，可能因為你選擇盤中交易下單方式，因股價波動過大而影響你的股東會紀念品報酬，這節我會一一補充實際運作狀況。

零股盤中交易制度

零股盤中交易新制於 2020 年 10 月 26 日開始實施，提供小額投資人進行交易，**盤中交易制度每 3 分鐘採用集中撮合**(註5)，而第一次撮合價位公告時間為 09:10，採用集中競價撮合成交方式，**而交易最終收單時間為 13:30**；因此，期間共有 88 次的交易機會，也就是有 88 次的出價機會；因此在此時間中投資人可以依照自己觀察的投資標的物進行限價掛單（ROD）(註6)，並採用電子交易單(註7)方式下單。（目前零股交易並不提供電話受理委託單交易(註8)）

特別要提醒大家的是：

1、每日交易期間共有 88 次，所以投資價位可以隨時調整；

2、由於是盤中交易，所以要特別留意競價順序，下錯價位可能會增加你不必要的成本支出。

3、13:30 前未成交，則不保留為「盤後交易」委託單；換言之，要重新下單。

零股盤後交易制度

盤後交易的競價時間為 13:40～14:30，也就是你可以參考每天 13:30 後收盤的價位，並於競價時間再次進行委託單或首次委託作業；當然，因為沒有第二次出價的機會，就是限一次交易；萬一交易失敗，那麼你就必須隔日才能再進行下單的作業。

特別要提醒大家的是：

1、把握每日僅一次的下單機會，交易未成則明日再下。

2、由於競價上的順位採用價格優先，同價位依電腦隨機排序交易，因此下單時若你要快速搶得該檔股票，那麼你的掛單技巧應該是這樣的順序：漲停價、當日收盤價向上多加幾個 Ticks 掛價（簡單說就是越接近漲停價撮合越快）、平盤價、跌停價。

有關 Tick 的說明，我用下列這張表來向大家解釋：

跳動的價位，依照你要購買的股價往上 + 跳動價位，舉個例子說明：

若該公司收盤價為 90 元時，跳動價位為 0.1 元，成交的順序是：

撮合順位說明表			
委託購買股價狀態	股價	撮合順位說明	Tick
漲停價	99 元	最優先撮合	90 Tick
限價	98.9 元	次撮合	89 Tick
平盤價	90 元	本例收盤價，較上順位低	0
限價	88.9 元	又較上方平盤價順位更低	1 Tick
跌停價	81 元	以本例為最低撮合順位	90Tick

※在你準備下單購買股票時，一定要先了解股價變動價位 Tick 這件事；雖然是基本，但還是不少人會弄錯，見下表別再弄錯！

股價變動單位跳動表	
股價變動落點	Tick 價位跳動
＞1000 元	5 元
500 元～1000 元	1 元
100 元～500 元	0.5 元
50 元～100 元	0.1 元
10 元～50 元	0.05 元
＜10 元	0.01 元

股價跳動表中的 Tick 是護盤的一項重要觀察指標

雖然說以下內容與股東會沒有直接關係，但因為我在本書中不斷提醒你要細微的觀察每家公司；因此，這段在投資上的重要經驗，一定要分享給你，用實例說明後，相信你會更明白我意思。

舉例（一）：

當一家公司股價從 90 元漲到 99 元時，此時公司的股價 Tick 跳動是 0.1 元，所以離漲破 100 元尚有 1 元之差，那麼表示尚有 10 個 Tick 才能穿越 100 元，而 100 元後的股價 Tick 跳動就會切換為 0.5 元；而你要觀察的重點，在於個股是用什麼方式穿越這個關鍵價位。

公司在透漏什麼訊息：

如果買盤成交量放大，且快速的突破 100 元價位，通常代表公司派或主力已掌握市場的籌碼，他們希望把股價推升到每 Tick 0.5 元的價位，以提升操作的效率，也代表未來將會發生一波不小的漲幅。

舉例（二）：

同樣我們也來觀察，當一家公司股價從 105 元下跌到 100 元時，期間的 Tick 當然是 0.5 元，但每當靠近 100 元時卻不會跌破這個價位，你看見了什麼？

公司在透漏什麼訊息：

沒錯，答案就是公司或主力進場護盤；由於股價一旦跌破 100 元，Tick 跳動會回到 0.1 元，這會影響主力或公司派的獲利期望及操作，0.1 元與 0.5 元之間的跳動來回差了 4 倍，同時也會影響進場投資人的加碼意願，剛好遇到這樣的轉換價位，更可以分出一道不同等級的投資人進場參與股票投資；所以，千萬別小看股價 Tick 這件事，可是很有學問的，有機會再跟大家分享。

往下我繼續整理一下這小節，告訴你應該要關注的重點還有哪些。

先來場圖表大整理，幫助你複習還要加強更多細節。

零股盤中、盤後交易之間有不少細節是要留意的，我另外整理了一張圖表給你，交易制度有如遊戲規則，掌握每項遊戲規則可以幫你明哲保身，同時也可能為你帶來意想不到的獲利。

我盡力寫，希望你也用心學習；那麼，我會很開心很開心！

零股盤中、盤後交易歸納表		
項目	盤中零股交易	盤後零股交易
實施日期	2020 年 10 月 26 日	仍維持運作
委託時間	9:00～13:30	13:40～14:30
競價方式	上午 9:10 起第一次撮合，之後每 3 分鐘以集合交易方式撮合成交。	僅撮合一次，於 14:30 集合交易方式撮合成交。
買賣成交優先順序	價格優先。 同價格時間優先（第一次撮合以電腦隨機排序）。	價格優先。 同價格以電腦隨機排序。
資訊揭示	成交資訊揭露：每盤撮合後，揭露成交價、量以及最佳 5 檔買賣申報價、量等。 實施試算行情資訊揭露：9:00 至 13:30，約每 10 秒揭露模擬成交價、量及最佳 5 檔買賣申報價、量等。	買賣申報期間最後 5 分鐘（14:25 至 14:30），約每 30 秒揭露試算之最佳 1 檔買賣價格。
預收款券	併同普通交易之委託進行預收款券： 處置有價證券（處以預收款券者）。 變更交易方法之有價證券。 管理股票。	處置有價證券（處以預收款券者），須併同普通交易之委託進行預收款券。為避免影響既有作業，爰變更交易方法之有價證券及管理股票維持盤後零股交易不預收款券。
委託方式	原則：以電子式交易型態之規定辦理。 例外：委託人為專業機構投資人者，得採非電子式委託。	形式不拘
瞬間價格穩定措施	實施時間：第一次撮合起（約 9:10）至 13:25。 實施標準：每次撮合前經試算成交價格漲跌超逾前一次成交價格之上下 3.5%。 如達實施標準，當次撮合延緩 2 分鐘，該期間可進行新增、減量及刪除委託，俟延緩撮合時間終了，以集合交易方式撮合成交。	無
收盤清盤	未成交委託，不保留至盤後零股交易時段。	無

項目	盤中零股交易	盤後零股交易
交易標的	股票、TDR、ETF 等 認購（售）權證及 ETN 不得進行零股交易。	
交易單位	1 股～999 股	
買賣申報 價格範圍 及漲跌幅度	同當日普通交易（即以當日上午 9 時至下午 1 時 30 分普通交易當日個股開始交易基準價上下 10%為限）。惟新上櫃股票如掛牌後首五日於普通交易採無漲跌幅限制者，其零股交易該段期間買賣申報價格亦為無漲跌幅限制。	
委託種類	僅得以限價當日有效（限價 ROD）進行委託。	
委託修改	可減量及取消，無法進行改價。	
交易限制	不得使用信用交易及借券賣出。	

（資料來源：證券櫃買中心）

　　股票的下單方式非常多，除了電子交易單、電話委託單，甚至還有傳真下單、現場下單、EMAIL 下單，這是股票交易市場的歷史演進。在零股盤中交易上來說，不透過「人工」即可以完成的委託單，都可以被列為電子交易單。至於語音下單部分，雖未透過人工，但券商因系統維護成本考量及市場的演進關係，所以多數未升級零股語音交易系統；如果你有這方面資訊，也歡迎你提供給我，我會特別加註或找機會公告這項資訊，後續若有相同狀況，也請大家不吝反饋給我最新資訊，謝謝！

細節中永遠藏有細節

　　零股盤中交易推出時間屆滿一年，有許多個股交易量尚不足，所以我想透過下面案例來說明，零股盤中與盤後交易結果，將會影響投資目的為「股東會紀念品收益」的朋友。而另外一個手續費因素也將在本節一起說明清楚。

　　到底透過不同零股交易制度下購入的股票價位，會對你投資產生多大的影響呢？（為方便舉例，所以不加入制度規範中的股價 Tick 跳動因素）

零股盤後交易案例：

由於大家比較熟悉零股盤後交易，所以我從這個交易制度說起。該公司股價 13:30 收盤價位為 100 元時，而你的下單價是（漲停價位：110 元，100 股），同時間也有其他的買家（下單價位：100 元，100 股）（下圖），那麼最後成交的結果，會以（你）為優先順位成交，同時成交的價位結果：100.0 元 40 股+100.5 元 20 股+101.0 元 20 股+101.5 元 20 股；換言之，你所購買的均價會是 100.6 元，而不會是 110 元。當中的另外買家（其他）100 元，是無法買到零股的；另外賣家委託的 110.0 元 100 股，也因為市場委託量不足，所以不會發生成功撮合的狀況，這就是零股盤後交易撮合順位狀況。

時間	買價	量（股）	賣價	量（股）
14：30	110.0（你）元	100	110.0 元	100
14：30	0	0	101.5 元	20
14：30	0	0	101 元	20
14：30	0	0	100.5 元	20
14：30	100.0（其他）元	100	100.0 元	40

零股盤中交易案例：

看完零股盤後交易撮合狀況後，你可不要將盤後交易的認知帶到零股盤中交易中。我們接著往下看，該公司前一日收盤價位為 100 元時，而你可能因為昨天盤後交易沒買到該公司股票，所以在 09：00 第一盤下單同樣以漲停價位 110 元買進 100 股下單（下圖），那麼，就以 110.0 元價位成交！雖然零股盤中交易有瞬間價格穩定措施，但那是在 09：10 後才會啟動；因此，千萬不要把零股盤後的交易習慣帶到盤中交易來。建議你透過零股盤中買入零股時，儘可能在第一盤結束後再進場；另外，有部分公司已經開始關注整張股票與零股之間的套利，所以不可不留意，未來上市櫃公司會透過零股拉抬股價，造成你不必要的額外成本支出。在第三章裡，我會再提供股票投資的操作技

巧給你，透過這些技巧的學習，可以避免遭到主力或公司派洗股價而發生你投資上的虧損。

時間	買價	量（股）	賣價	量（股）
09：11	110.0（你）元	100	110.0 元	200
09：11	0	0	無人賣出	0
09：11	0	0	無人賣出	0
09：11	0	0	無人賣出	0
09：13	0	0	無人賣出	0

不論你要透過盤中或盤後下單，其實都要清楚掌握該股的「近五至十日的零股成交量」，這也將是你未來操作上必修功課。

券商手續費影響股東會紀念品報酬率

剛剛我們舉出實際例子來告訴大家，透過不同的零股交易制度，可能會損失不必要的價差，你一定要留意；那麼，在這節裡我要透過買入 1 股零股的交易手續費案例，來說明對股東會紀念品報酬率的影響有多大。

零股下單前不可不知的交易成本

按證交所的規定，零股基本交易手續費應為 20（元/股），而你知道原本這 20 元的手續費，應該是買入 1 股多少價位的股票才需要支付的費用嗎？

先了解這個案例：

《零股最低交易手續費 20 元》/《交易手費費率=0.1425%》

算式：20 元/0.001425=14,035 元，換言之，投資 14,035 元才可以算是你完整享用了 20 元手續費支出。

因此，若你買入總價 5,000 元的零股*0.001425=7.125 元，但仍然被收取 20 元手續費，除非券商有提供折扣優惠，所以這件事你還得弄

清楚才行。

在本章節內已有整理了多家券商目前的零股交易優惠資料，不過還是要隨時留意券商終止優惠的期限公告。

另外有部分券商並沒有參加零股盤中交易新制，只有盤後交易服務，那麼筆筆手續費都是 20 元，交易成本可就相當驚人。

實際案例說明：

透過這個案例，你就會清楚明白券商手續費對股東會紀念品報酬率的影響。

EX：零股交易收續費 1 元，我用購買 1 股來計算，該年度股東會紀念品為 7-11 商品卡 50 元

零股股價 4 元、交易手續費 1 元，你的獲利：

（50 元-5 元）/5 元，總報酬=900%

EX：零股交易收續費 20 元，我用購買 1 股來計算，該年度股東會紀念品同樣為 7-11 商品卡 50 元

零股股價 4 元、交易手續費 20 元，你的獲利：

（50 元-24 元）/24 元，總報酬=108%

這不僅僅是差很大，而且真的是殺很大！

（註 4）**逐筆撮合**：委託委賣單隨到隨撮的概念，每秒都可能成交，不易改價。立即撮合買方與賣方的交易，只要下單按出去、市場上有出現交易對手、價格在範圍內就會立即成交，即使下單張數大也不需成交在同一價位，滑價問題更少。

（註 5）**集中撮合**：約定一時間內進行撮合，若下錯單或想改價，投資人尚有機會修正。台股以前的集合競價是每 5 秒撮合一次，股價不是隨時都在跳，也就是說當買賣雙方掛單後，系統會在 5 秒內收集所有委託單，然後依照規則（買方由高價

開始累積、賣方從低價開始累積），來決定下一筆的成交價，買賣雙方在 5 秒後才會看到新價格。其中，<u>盤中零股交易</u>是從 09：00 到 13：30 進行買賣申報，並於上午 09：10 起第一次撮合，接下來每 3 分鐘以集合競價撮合，依照價格優先、時間優先的原則成交，撮合後會對外揭示成交的價格以及數量。

（註 6）限價掛單（ROD）：限價單為限定價格的買賣單，換言之，就是依客戶指定之價格進行交易。

（註 7）電子交易單：網路下單、手機 APP 下單、電腦 AP 下單皆屬電子交易。

（註 8）電話受理委託單交易：透過營業員委託下單、語音下單。

2-5 手把手下單給你看

本章中，我將以「琨琳狂想電腦下單系統」為例，實際圖文操作下單方式，讓所有新手瞬間變高手，高手瞬間變達人。

1、零股下單

一張圖就完成下單交易，比對 698 家公司，下單就是這麼簡單！

Double Fix 零股自動比對下單系統操作流程圖

2、定期定股下單

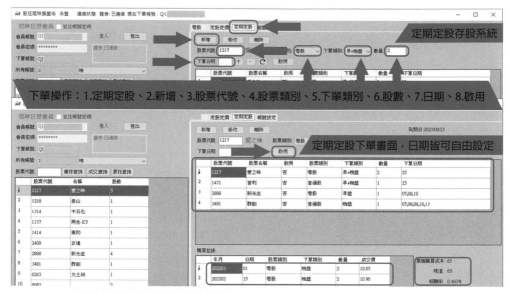

Double Fix 定期定股存股系統操作流程圖

3、定股定價下單

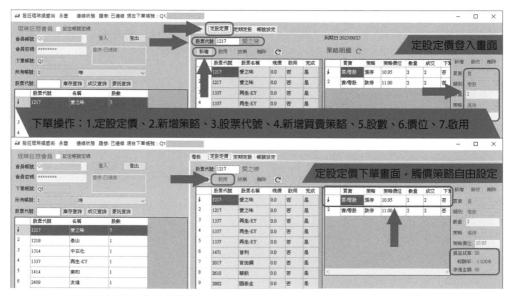

DoubleFix 定股定價系統操作流程圖

【DoubleFix 系統手把手安裝說明】

本案例選用華南永昌實做給大家看，就是這麼簡單！

一、安裝 DoubleFix 及華南永昌 E 指發 AP 系統

1、下載 e 指發 7.44 版以上，建議使用最新版

https://www.entrust.com.tw/entrust/software/index.do

安裝完成顯示以下視窗，請按全部變更設定

網路下單瀏覽器(IE)設定   — □ ×

*****設定完成後，請您關閉所有 IE 視窗，使設定生效*****

作業系統： Windows 10
瀏覽器資訊： Microsoft Internet Explorer 7 以上
使用者名稱： Cloud

全部變更設定   關閉視窗

設定項目	建議設定	瀏覽器(IE)目前設定	瀏覽器(IE)變更狀況	信任網站(IE)目前設定	信任網站(IE)變更狀況
1.下載簽名的ActiveX控制項	提示	提示	完成	提示	完成
2.下載未簽署的ActiveX控制項	提示	提示	完成	提示	完成
3.自動提示ActiveX控制項	啟用	啟用	完成	啟用	完成
4.起始不標示為安全的 ActiveX 控制項	提示	提示	完成	提示	完成
5.執行 ActiveX 控制項與插件	啟用	啟用	完成	啟用	完成
6.對標示為安全的ActiveX控制項執行指令碼	啟用	啟用	完成	啟用	完成
7.指令碼處理-Active Scripting	啟用	啟用	完成	啟用	完成
8.允許網頁使用受限制的通訊協定於主動式內容	啟用	啟用	完成	啟用	完成
9.啟用檔案下載	啟用	啟用	完成	啟用	完成
10.快顯封鎖程式	停用	停用	完成	停用	完成
11.指令碼處理-Java Applets的指令碼化	啟用	啟用	完成	啟用	完成
12.查閱不同網域內的視窗和框架	啟用	啟用	完成	啟用	完成
13.跨網域存取資料來源	啟用	啟用	完成	啟用	完成
14.顯示混合的內容	啟用	啟用	完成	啟用	完成
15.僅允許認可的網站使用ActiveX而不提示	停用	停用	完成	停用	完成
16.隱私權-封鎖快顯	停用	停用	完成		
17.啟用記憶體保護以協助避免網路攻擊	停用	停用	完成		
18.此區域內的所有網站需要伺服器驗證https	不可打勾	沒打勾	完成		

網路環境變更設定

2、將 apiHNS.dll 複製到 C:\HNS，以系統管理員身份執行華南永昌2880註冊檔.bat

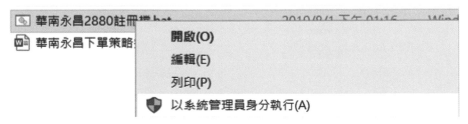

華南永昌2880註冊檔.bat   2019/8/1 下午 01:16   Win...
華南永昌下單策略

開啟(O)
編輯(E)
列印(P)
🛡 以系統管理員身分執行(A)

華南永昌註冊檔執行

3、如電腦中無憑證請匯入憑證

3.1 滑鼠左鍵連點 2 下憑證檔

憑證匯入精靈

歡迎使用憑證匯入精靈

這個精靈可協助您將憑證、憑證信任清單及憑證撤銷清單從磁碟被製到憑證存放區。

憑證由憑證授權單位簽發，能識別您的身分，並包含用來保護資料或建立安全網路連線的資訊。
憑證存放區是用來存放憑證的系統區域。

存放位置
- ◉ 目前使用者(C)
- ○ 本機電腦(L)

請按 [下一步] 繼續。

[下一步(N)]　[取消]

滙入電腦版憑證

3.2 輸入憑證密碼→下一步，完成匯入。

私密金鑰保護

為了維護安全性，私密金鑰受到密碼保護。

請輸入私密金鑰的密碼。

密碼(P):

●●●●●●●●●●

☐ 顯示密碼(D)

匯入選項(I):

☐ 啟用強式私密金鑰保護。如果您啟用這個選項，每次私密金鑰被應用程式使用，系統便會通知您(E)

☐ 將這個金鑰設成可匯出。這樣您可以在以後備份或傳輸您的金鑰(M)

☑ 包含所有延伸內容。(A)

[下一步(N)]　[取消]

輸入電腦版憑證密碼

4、DoubleFix 華南永昌 API 串接系統.exe 滑鼠右鍵→內容，設定為系統管理員身份。

變更系統相容性

5、執行 DoubleFix 華南永昌 API 串接系統.exe，此時自動啟動華南 e 指發，請先登入華南 e 指發。

6、請先輸入會員帳號（身份證字號）、密碼，並登入。

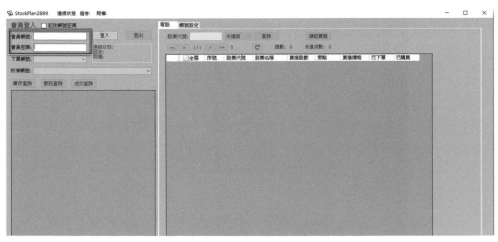

輸入琨琳狂想研究中心會員密碼

7、第一次登入會提醒您設定證券下單帳號、密碼。

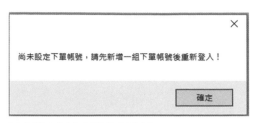

首次登入需設定證券商資料

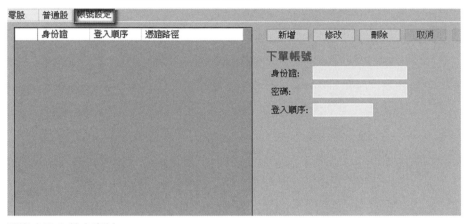

證券商登入基本資料

8、設定完下單帳號,重新登入即可。

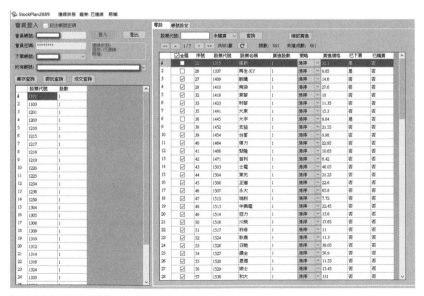

再次輸入琨琳狂想研究中心會員密碼

二、啟用 DoubleFix 華南 API 串接系統

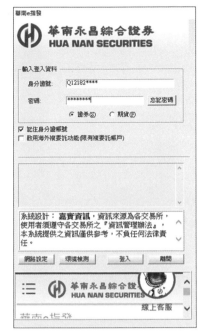

輸入華南永昌登入密碼

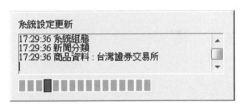

API 系統串接中

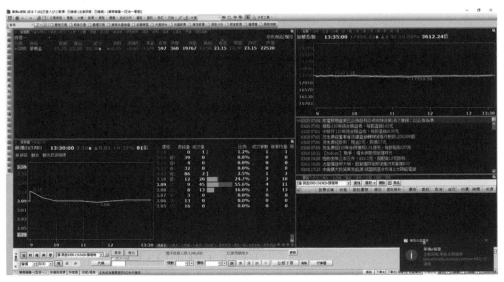

華南 E 指發系統已登入

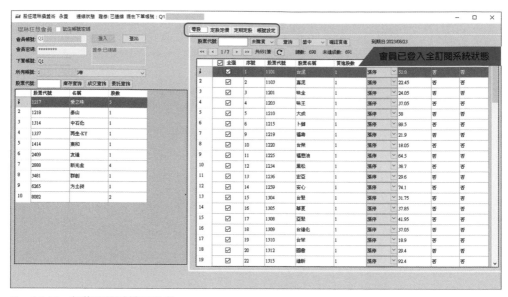

DoubleFix 自動下單系統已啟動

Part 3
篩選上市櫃公司
並循序漸進學會股票下單技巧

　　台股整體上市櫃公司數量並不少，因此，好股票過篩的作業程序是必然的。

　　本章著重在提醒大家可以透過「魚與熊掌」兼得模式，蒐集你需要的礦場；最後再結合「上市櫃公司評鑑系統表」及「股東會紀念品收益計畫表」，產出一份完整的股票觀察清單。當你擁有這一份清單後，接著要在本章中學會累積人生第一桶金的操作方式及執行經驗；隨之而上，進階的將資產分類管理並練習最佳化股票操作模式；至終版，我將補充首本拙作《零股獲利術》的價差隔日套利操作方式，將股票操作系統化的規劃方案全數教給你，希望你可以運用得更加有聲有色。

3-1 如何篩選值得投資的上市櫃公司

　　篩選值得投資的上市櫃公司絕對是一件很令人頭痛的事情，所以請不要心急，優先認識台股大格局方向並歸類出來，隨後套用我即將導入給你的模式，按部就班汲取資訊後，才能在你腦海中建立一個清晰又完整的投資邏輯。

　　依照**台灣證券交易所**、**證券櫃檯買賣中心**公告的類別，將上市公司規劃了二十九種產業類別，如下：

　　水泥工業、食品工業、塑膠工業、紡織纖維、電機機械、電器電纜、化學工業、生技醫療業、玻璃陶瓷、造紙工業、鋼鐵工業、橡膠工業、汽車工業、半導體業、電腦及週邊設備業、光電業、通信網路業、電子零組件業、電子通路業、資訊服務業、其他電子業、建材營

造、航運業、觀光事業、金融保險、貿易百貨、油電燃氣業、綜合及其他。

資料來源：**台灣證券交易所** [QR code]

上櫃部分則規劃了二十八種產業類別，如下：

食品工業、塑膠工業、紡織纖維、電機機械、電器電纜、化學工業、生技醫療業、玻璃陶瓷、鋼鐵工業、橡膠工業、半導體業、電腦及週邊設備業、光電業、通信網路業、電子零組件業、電子通路業、資訊服務業、其他電子業、建材營造、航運業、觀光事業、金融業、貿易百貨、油電燃氣業、文化創意業、農業科技、電子商務及其他等。

資料來源：**證券櫃檯買賣中心** [QR code]

▎精選再過篩，創建個人投資清單

記住，政府在規劃任何規範、規則或法條時，都有許多優秀的學者參與其中，且不論雲端上的天龍學者是否能懂得民間需求，但請尊重這份結果並善加運用，從中找出你需要的投資規則為首要核心。簡單來說，不論政府規劃在上市或上櫃公司共 57 個類別，請你先選出當中的 57 家公司作為你的優先清單。至於怎麼挑選那 57 家公司？兩個方向提供給你，一是該公司股價為產業內最高，另一則可以用你的直覺挑選。別擔心，這只是收集器的起點，全程收集完畢後還要過篩選器，最終才會有一份專屬於你自己的投資清單。

接著，我會再增加你的篩選器清單，透過「股東會紀念品收益計畫表」，將本清單匯入你的篩選器；有關這部分的清單取得，我同樣給你兩個方向，一是前往我的網站下載最新清單 https://www.beestock.com.tw/RWD/ShmDIYActivity.aspx ，而有關我挑選的股東會紀念品清單，基本上有兩種特質：

一、每年皆會發放股東會紀念品

這些公司多為各產業代表，且股本大多 100 億以上；另外依產業

區分，各產業之龍頭多在名單內，不過也因為需要各產業代表公司，部分公司股本可下修到 10 億以上之標的物。

二、每三年因董監事改選時才會發放股東會紀念品

　　每三年都可能因董監事改選時，該公司因經營權需求才會發放股東會紀念品，這也是後面我們會提到的重要投資標的物。當然，掌握當年將改選董監事的公司，絕對會是你重要的加碼投資標的。

　　另一清單取得方式，可以前往 https://histock.tw/stock/gift.aspx 挑選你想要的股東會紀念品清單，並建立適合自己喜好的專屬清單；最後，再透過你參與股東會現場後做出的「上市櫃公司評鑑系統表」，將你認為評分較高的公司納入篩選器內，此刻你的篩選器內的名單應該有數百家公司可以好好深度研究了。

▍從熱門議題中建立主題式清單

　　如果以上的清單你仍然覺得不足，我想你還可以加入這項「市場主題式清單」，也就是近年新聞議題發酵的關聯性產業，例如：航運、航空、元宇宙、5G 低軌衛星、電動車周邊、第三代半導體周邊、進入第三期試驗的生技醫藥等，從中挑出你想觀察的清單，經由以上四個步驟所納入的清單，數量應該相當驚人才是。

　　為數相當多的公司進入篩選器後，就要開始做最終的過篩作業，我會建議你將四步驟都會出現的公司，也就是有交集的公司特別註記起來，並列為重點觀察標的，這就是你最終的清單。另外，我還希望你可以將清單分為三個部分：

一、**會發放股東會紀念品的公司清單**：獲取一個穩定居家收益的來源，這可以幫助你體現簡樸、惜福、知足並降低你的支出慾望。

二、**價值投資清單**：價值投資可以打敗短線波動的股市，這可以建立長年穩定的收益。

三、**波段投資清單**：投入小額比例的資金在波段的操作上，這可以讓

你更專注投入學習投資這件事，透過不斷的修正及練習，我相信不須超過 6 個月，你將體會到為何我會給你這樣的建議。

不要嫌我囉嗦，我想再次的提醒你，在投資的學習過程中，當你越專注的學習，你的收穫肯定會比別人多出很多；同時知識的累積及成功的模組，需要的是不間斷的挑戰及嘗試，才可能會發展出一套屬於你的獨特投資法則。而補充說明這一段話的原因，我希望提供的一切都是為了讓你聰明的大腦可以靈活運用在投資這件事上。

並非所有的老師都願意傾囊相授，聰明的投資人應該要牢牢的把握住學習機會，切莫過度膨脹或自大，錯失了習得密技的機會。

3-2 定期定股實現人生第一桶金

有了投資清單後，就要開始透過實際行動來完成你財富自由的目標了。定期定股投資術將會是賺到你人生第一桶金的最佳方式，這小節請你要仔細學習我所說的重點。

由於「定期定股」與「定期定額」兩種投資方式，就字義上來看僅一字之隔，但實際的投資邏輯卻有著很大的差異，詳細內容請參考我之前出版的《零股獲利術》。另外，有關定期定股投資術，並非只有限定零股投資人可以運用，若你的資金充足，或在不影響你的生活條件下，其實定期定股買入 1 張股票也是可以的；**而我在這邊要特別補充的是上一本書未提到的觀察重點，特別是定期定股零股交易部分，並運用工具回測你投資清單內的標的物。**

一般來說，如果你是透過零股進行定期定股存股計畫時，首先你會發現零股價格與千股的價位是不同的；那麼，在上一本書時我提到你可以進行套利這件事，等等我會補充說明。我先將你要觀察及操作的兩個重點整理給你：

一、市場多頭時：零股價位 > 千股價位

當市場呈現多頭時，你可以每月持續購入你的標的物，這絕對不

會有問題；同時你可以相當輕鬆的享受每月扣款金額越來越高這件事，不僅可以開心知道你選擇的標的物是正確的，當然也可以隨時獲利出場。基於投資本就應該是愉快的這件事，選擇定期定股投資絕對會比定期定額更加無壓力且沒煩惱；就算是有壓力，這也會是一件獲利狀況下的無畏煩惱。

二、市場空頭時：零股價位＜千股價位

說完多頭，不知你有觀察到重點了嗎？當市場呈現空頭時，零股的價格就會低於千股，這個時候還要透過定期定股投資嗎？如果你觀察到的重點是這個時，那麼你應該還沒察覺到這個細節，**我要告訴你的重點其實是，當零股價位低於千股時，代表此刻的市場是空頭狀態**；換言之，空頭你採用定期定股投資並非不可以，感覺上好像每月支出越來越少，似乎很輕鬆，可是事實上你是每月在賠錢的；所以，若市場進入空頭時，按照操作技巧來說，你除了定期定股投資外，當然也可以採用定期定額投資方式來累積你的資產。

緊接著，請善用好工具幫你事半功倍的檢查你想要投資的標的物，「嗨！投資」零股專區內有提供定期定股、定期定額歷史回測系統，套用你的投資標的物到系統內，就可以分析**買進日績效統計**，另外也可以回測你的標的物在兩種投資計畫下的**存股績效試算**成果。

存股績效試算表和買進日績效統計表是我特別請「嗨！投資」董事長為零股投資朋友設計開發的，在此要特別感謝管董的情義相挺，才可以讓這麼多投資朋友享有這麼方便的工具。所以，你若是想要檢視你的投資標的物，千萬要留下這頁的資訊。

存股績效試算／https://histock.tw/stock/OddLot.aspx?m=1
買進日績效統計／https://histock.tw/stock/OddLot.aspx?m=2

定期定股在市場走入多頭時，並不會有太大的問題；關鍵是當市場走入空頭時，許多投資人的心態很容易會進入放任的狀態，這其實是蠻要不得的，如果你認真學習了本節，你應該在**零股價位＜千股價位時就可以切換模組為定期定額投資，或連續扣款金額兩個月，較兩**

個月前低時就獲利出場；當然，還有一個方式就是持續定期定股，直到零股價位＞千股價位時，同樣你可以在那個時候出場；另外如果你累積的股數達到 1000 股以上時，你還可以另外選擇在千股市場出場；簡單說，多用一分觀察的心，你的收益就是會比不用心的人多更多。「天道酬勤」的古訓我是相信的，老天一定會公平對待勤勞、認真的人。

3-3 定股定價波段股票操作，邁向財富自由

沒錯，進階後，你還需要再進階！如同本章一開始時，我清楚的要不斷提升你的操作技巧外，同時更要加強你的投資觀念，所以在篩選你的投資標的物時，特別請你另外整理了「價值投資清單」及「波段投資清單」，在此我要先補充這兩項投資法的觀念給你；另外，還要將定股定價投資技巧升級版，運用在你的投資標的物上，希望可以幫助你更有效率的學會定股定價操作技巧。

許多投資人其實都想要日日收益、月月收益，每當短線操作很好時，就認為自己是波段操作高手，萬一操作失利時，就會自動轉換為所謂的價值投資存股；這是一個很有趣的觀念，沒有對或不對的問題，只是我希望你可以更符合邏輯一點，並用正確的觀念來看待你的投資方式。

任何條件下，獲利都是第一目標

我還是先說明一下，每個人可承載的投資風險都不一樣，可投資的期限性也不相同，甚至投資金額也都不一樣，在那麼多不一樣的條件下，只有一個目的是相同的，就是都想要「獲利」，那麼，下面這個故事希望你能觀察到我要表達的細節。

由於疫情因素，大心腹（化名）已經在台北待了相當久的時間，所以他便開始計畫疫情過後想去旅遊的地點：美國、日本、墾丁，這個旅遊規劃因地點、國別的不同，規劃所需的時間也不同，所需要搭乘的交通工具肯定也是不相同的，對吧！其他更多的因素就不再列入

故事內，這樣的故事結構請你先試著套用在投資這件事上，相信你的投資邏輯及觀念就會更加清晰一點了。

我來說明一下這個故事：當你計畫要去美國，絕對不可能騎摩托車去，開車也不大可能，坐船或許有機會，但相信多數人一定會選擇搭飛機過去；同時因為這一趟旅遊距離這麼遠，所以一般來說通常會待上一周以上的行程。若是前往日本，差異之處可能在於停留時間會短一點點，但交通工具大致上也是不變的。若是想去墾丁，那麼除了時間差異外，交通工具應該會有更多的選擇與變化。**總體言之，因旅遊目的地不同，停留的時間及搭乘的交通工具也一定不同。**

這則故事其實要呼應的是，當你要進行投資時，第一個優先要弄清楚的是投資的目的，接著你要選用的投資工具是什麼？當然，投資工具不同，花費的時間就不同，最終享有的報酬也必定不同。簡單來說，我希望你可以常常想到這個故事，這樣才不會在投資過程中心猿意馬、意志不堅，在人云亦云中改變了你的投資目的。

為了強化你投資目的的「中心思想」，前面我請你準備的價值投資及波段投資是有目的的，接著我來說明：

一、價值投資：

股神巴菲特的導師葛拉漢提出過一個價值投資的概念：「每間公司都有自己的內在價值，當公司的股價和內在價值有較大的差異時，股價就可能會出現過高或過低的情形。」而價值投資的最重要核心，在於投資一家企業時需要擁有充足的耐心，並且不急於在短時間內獲得超驚人的漲幅。所以，當你在執行價值投資時，一定要有耐心長期持有一家可能在市場上被低估的公司。如此，經過長時間持有後才能享有驚人的報酬。**因此，你的投資目的若是為享有被市場低估公司的未來表現，那麼，千萬不要妄想可能在極短期間內帶來巨富般的報酬。**

二、波段投資：

　　一種透過技術分析判讀股價高、低點波動，進而產生獲利的短、中期交易策略，而交易時間通常是數天到數週。由於波段投資需要深度的學習各類交易技巧，其中包括：技術分析、籌碼分析、基本面分析及大戶主力交易明細分析，並非一般投資人在短時間就可以學會這種全方位的操作技巧。所以，市場上雖有相當多的波段操作技巧，但我個人的看法是，這些都需要融會貫通後，才有辦法在市場上存活並享有穩定的報酬。當然，若你天資聰穎且能遇見好的老師傳授，再加上勤奮練習，我相信這也會是很好的獲利方式。

　　接著我要開始說明定股定價的升級版投資觀念，同時也要將這個觀念融入你的投資標的物內，並運用升級版操作技巧 SOP 來降低你的投資風險及提高你的報酬率。

　　首先，從你的波段投資清單中挑選一檔標的物，而此標的物僅能佔你可投資總金額的 20%，在你第一次購入該標的物後，倘若股價漲幅達 10%以上時，你可以再加碼可投資總額的 40%，繼續續漲 10%時，你就可以將手中最後的 40%資金投入，而股價若繼續再漲 10%，此刻的我會建議你將手中的持股全數獲利出清，即便再漲也不必艷羨，切記：別想賺足每一檔股票，也不要妄想自己一定可以賣在最高點！

　　至於停損該如何執行呢？若在第一次購買後未漲，並下跌 10%時，要立刻停損出場；若在第二次加碼後卻未漲至 10%即發生回檔，那麼我會建議你可以在第二次出手後回檔達 3%時進行停損，這個停損的基礎設計在沒獲利但保本為前提；若發生在你第三次出手時，則回檔達 7%時進行停損，同樣的設計基礎為保本。說到這時，我必須要補充在這個案例下應設定的規劃要件給你，這樣才可以確保你的操作不至於發生錯誤：

　　一、本案例之股價設定基礎為，定股定價當中的「移動順價操做法」升級版，也就是每次的追價都是以上次價位漲幅達 10%後的價格

作為加碼價位。另外定股定價中的「固定首價操做法」升級版，SOP停損點在第二次不變，一樣是 3%，而第三次則為 5%，可容許的停損點會低一些。

二、依照<u>艾略特波浪理論</u>上升的波浪為 1、3、5，其中 3、5 浪漲幅最長且股價可能會來到最高，因此本案例的資金分配比例是依此設計而成，透過 SOP 風控停損及資金規劃，可以提供你紀律化操作模式，降低投資風險。

三、有關套用你投資標的物價位設定方式，你可以透過各券商提供的手機 APP 進行股價警示設定，協助你監控股價的走勢並採取必要的操作。

3-4 簡單的千股與零股下單技巧也可以輕鬆獲利

千股與零股之間套利應注意的重點，在《零股獲利術》這本書中有詳細說明，在你不瞭解套利重點的情況下，我不建議你進行價差套利作業；而許多投資人詢問我的問題，基本上多落在實務上該怎麼操作。既然為價差套利升級版，此刻的操作工具也就必須要隨之提升。

【小萌萌投資】APP 經歷了近一年開發完成，其中一項功能價差套利，就是為了讓投資人可以透過簡單又輕鬆的操作方式，快速找到合適的標的物進行隔日價差套利。

在這項價差套利功能當中，主要有兩種模式是你要特別留意的；另外，我要強化重要的操作觀念給你，如此在正確操作觀念加上兩種觀察標的物的模式下，你才可以挑選一檔個股進行價差套利作業。

首先，我來解說一下這款 APP 已寫好的邏輯，本款 APP 已將上市櫃公司每日千股及零股價差達千分之五以上的全部個股資料寫入 APP內，另外價差套利的重點之一，即零股交易量須達 1,000 股以上的這個重要參數同時寫入，也就是兩個條件需要同時發生才會出現在價差套利清單內，相信這項系統化 APP 可以大幅減輕你整理的工作。另外APP 內的「套」這個字旁的獲利%是以電子交易 6 折手續費計算，並

已扣除手續費後的純利%顯示；因此，若你的開戶券商提供給你的手續費更優惠時，獲利當然就會更多。

在 APP 的左上方有「股價排序」功能鍵、右上方有「價差排序」功能鍵，接下來讓我告訴你該如何運用這兩個功能進行實務操作：

一、股價排序：一般來說，股價排序後高價位股票居上，我會建議你依照 Tick 股價跳動進行要件進行價差套利作業，另外我會建議你從 100 元上下的價位當中挑選標的物。

二、價差排序：點擊這項排序功能後，你會發現低價股居多，我曾經看到高達 16%的價差，實在是太誘人了；不過，當時 APP 尚在開發中，少了交易量須達 1,000 股以上這個參數，所以為了確保不會因為零股賣不出去被套，因此放棄那次可能可以操作的機會。

我要開始加強價差套利操作的重要觀念及操作技巧。一般來說，我會挑選的標的物多是接近 10%的價差標的物，再次強調，交易量也是必看，若交易量達 1,000 股持續 5 日以上，並呈現多頭趨勢或個股收盤價在 5 日均線上時（兩個條件擇一即可），我就會進場操作該檔個股。

至於技巧部分，由於 10%的價差關係，且千股買入後須交割完成，也就是隔日才能沖掉零股，所以，隔日開盤看完千股第一盤交易價位後，我會立刻訂出 999 股及 1 股的 2 筆委託單（此為急著拋掉手中持股的情況下），至於定價則選擇 5%的價位賣出，當然這是基本模式，若你覺得該股可能有更好的表現時，那麼續抱該股也是可以的。不過，我另外要補充說明，零股價差套利交易市場目前因為尚未有許多投資人介入，所以你可以好好在這個市場裡當交易大戶。一旦你引起了公司的注意時，那麼接下來與你對做的就會是公司派或主力了。這其實會是件很有趣的事，因為，我認為交易金額小時公司派或主力根本沒空理你。換言之，你就開心的賺吧！

總之，零股價位高過千股那麼多是有原因的，說穿了，不就是希望藉由零股高價位，吸收更多投資人的參與進行「養、套、殺」作

業。因此，在此期間你不賺白不賺，重點就是手腳要快。

＊【小萌萌投資】APP 可在 APP Store 和
Google play 上搜尋下載。

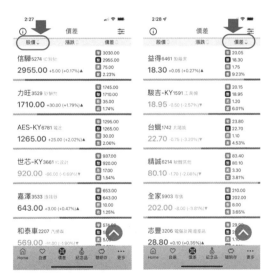

＊【小萌萌投資】APP 在價差套利功能頁面下的股
價排序模式（左圖）和價差排序模式（右圖）。

Part 4
決戰股東會、臨時會

　　每年的股東會、臨時會都是很夯的投資時間，多數經營權的決戰時間點會落在「股東會」開會日當天；但也有突發的案例在「臨時會」上一次扳倒原董事會的經營權。

　　在這章裡，我會舉出一些代表性的案例，讓你體驗在上市櫃公司股權爭霸過程中如何布局該檔股票，同時在經營權確認後，又該如何透過技術分析工具判斷出場時機。

　　觀察股東會的現象，不應僅僅只關注新聞，還要透過股東會的徵求期間，特別去觀察「股務徵求點」，這是兌換股東會紀念品的現場，「微服出巡」時可以看見更多投資關鍵。

　　除此之外，我要放大絕的告訴你股東會期間最高效率的觀察方式，讓你貼近掌握每家礦場的營運狀況，並計畫性整理你的礦場資料。

　　最後，一定要整理一套「年度探礦計畫」，按部就班的執行系統化管理。說實話，有非常多的投資高手每年只做股東會這一波，其他時間操作的部位並不多，總結規劃你也可以操作。

4-1 從股東會、臨時會看公司派與市場派如何角力

　　本章中，我將以東元（1504）、菱光（8249）、大同（2371）、台苯（1310）、泰山（1218）、泰豐（2102）、光洋科（1785）、三陽（2206）、智冠（5478）、鼎泰豐（未上市）等公司為例，整理每一家的新聞議題操作內容，再提出我對該公司在此期間股價走勢的觀察判斷。

1、股票代號 1504：東元

新聞決戰：東元父子鬥上檯面！黃育仁勸 83 歲父放手：要挑戰到他倒台為止。（資料來源：數位時代／https://www.bnext.com.tw/article/62291/teco-huang-yu-ren）

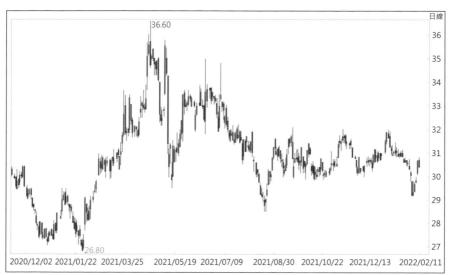

東元 2021 年股東會期間股價走勢圖
（技術分析資料來源：元大證券→籌碼→股票代號：1504-日線）

我的分析看法：

① 大戶籌碼：外資 22.3%、董監持股 7.96%、大戶 80.78%、散戶 19.22%。

② 股價從股東會之戰時的高點 36.6 元，滑落至 30.4 元，跌幅 16.93%（至 2022/02/11 收盤價統計）。

③ 總結：就新聞操作及籌碼上來看，2021 年股東會前達到波段高點；而在股權確立後，外資及董監事持股並未發生太大變化，但由於公司派及市場派仍處於緊繃對立的情況，再加上大戶持股 80.78%應不會有太大的變化，研判該檔個股將於未來會再度發生一次股東經營權大戰。**不過，要留意的是股東會後，股價就隨之下跌這件事**；而影響這件事的觀察重點就是大戶籌碼掌握在何人手中，另外也因為 2022 年

股東會在即，相信籌碼應不至於發生太大變化，但雙方因資金綁住，應該會發生股票高質借的狀況。因此，你可以多留意該公司的董監事、大戶持股的狀況，作為研判進場投資的時間點。

2、股票代號 8249：菱光

新聞決戰：鈺叡突襲菱光，由達勝集團及中嘉董事長郭冠群等人攜手東元集團旗下投資公司新組成的鈺叡，公開收購菱光科技 50.1% 股權，經營權爭奪戰好戲在東元、菱光同時開打。（資料來源：聯合新聞網／https://udn.com/news/story/7241/5550897）

菱光 2021 年股東會期間股價走勢圖
（技術分析資料來源：元大證券→籌碼→股票代號：8249-日線）

我的分析看法：

① 大戶籌碼：外資 4.97%、董監持股 23.22%、大戶 70.06%、散戶 29.94%。

② 股價從 4 月東元父子股東會大戰後，董事長黃育仁隨即展開減增資方式將股價推升至 33.35 元，不過，在私募增資案後，股價已滑落至 23.6 元，跌幅 29.23%（至 2022/02/11 收盤價統計）。

③ 總結：就新聞操作及籌碼上來看，<u>黃家二代董事長十分擅長資</u>

本市場的股票操作，整體來說該公司目前仍屬變化性較高的公司，同時市場浮額應屬較為混亂狀態，大戶籌碼應掌握在特定人士，研判該檔個股將於東元集團未來股東會時再發生一次經營權之戰；畢竟薑有時還是老的辣。**特別留意東元黃茂雄會長及旗下投資公司對菱光加碼的動向。**

3、股票代號 2371：大同

新聞決戰：大同經營權之戰進入延長賽 公司派、市場派紛爭一次看。（資料來源：今日新聞／https://www.nownews.com/news/5087871）

大同 2021 年股東會期間股價走勢圖
（技術分析資料來源：元大證券→籌碼→股票代號：2371-日線）

我的分析看法：

① 大戶籌碼：外資 15.13%、董監持股 1.41%、大戶 67.05%、散戶 32.95%。

② 2020 年的大同公司派以董事長林郭文艷為首，與市場派三圓建設董事長王光祥經股東會大戰數回合後，市場派最終於 2020/10/21 一舉扳倒公司派，並由林文淵出任新任董事長。這場大戰歷經 3 年的時

間，核心議題主要是原公司派長年以來經營不善，且大同旗下**土地資產早受各方覬覦，經營權之爭勢必難免。**自從市場派接任後，該公司**股價由 19.45 元漲至 30.9 元，漲幅 58.86%**（至 2022/02/11 收盤價統計）。

③ 總結：就新聞操作及籌碼上來看，該公司由於擁有驚人的土地資產，再加上原市場派三圓建設董事長王光祥核心營運為不動產，相信不久的將來坐落於中山北路的廠址，必定會有大興土木的狀況，屆時將又會發生另一次的股價波動；**建議你可以透過新聞及技術分析來鎖定觀察這家公司。在下節技術分析當中，你更可以觀察當時市場派是如何在每年股東會操作股價，並經多年運籌取得這家「價值型」上市公司。**

4、股票代號 1310：台苯

新聞決戰：台苯經營權之爭 公司派大勝。（資料來源：鏡周刊／https://www.mirrormedia.mg/story/20210907fin006/）

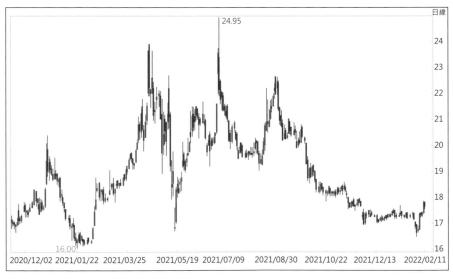

台苯 2021 年股東會期間股價走勢圖
（技術分析資料來源：元大證券→籌碼→股票代號：1310-日線）

我的分析看法：

① 大戶籌碼：外資 6.26%、董監持股 4.54%、大戶 32.47%、散戶 67.53%。

② 該公司於 2021/10/15 召開臨時會，由公司派完全掌握現任公司，有趣的是當時股價由 16.30 元來到 17.8 元，漲幅僅 9.2%（至 2022/02/11 收盤價統計），期間股價高點曾衝到 24.95 元，換算報酬率有 53.06%，在股價位於高檔時確有大量出脫情況，請特別留意 2021/07/02 這一天，外資及大戶皆向下調整持股數。

③ 總結：就新聞操作及籌碼上來看，該公司二派人馬對台苯的經營策略意見不合；而本次公司派台苯董事長林文淵與市場派代表的孫鐵漢之戰由公司派勝出。特別要提醒你的是該公司的持股狀況，目前散戶高達 67.53%，加上 2021/07/02 出脫的大量股票，短期來看這家公司應該進入整理的狀況，整理並非不好，這點先補充；另外，還要觀察一項全面性的重點，就是有不少公司董監事持股都相當低；換言之，持股過低確實很容易成為市場派的狙擊目標。所以在你投資每家公司前，記得多了解該公司籌碼狀況。另外我還要多補充讓你了解，不論雙方在新聞上的操作為何，其實這些新聞在你實際參加股東會現場後，可以更清楚公司派與市場派兩邊是誰在為小股東打拼。

5、股票代號 1218：泰山

新聞決戰：第 3 代接班人不睦，泰山經營權爭鬥 5 年！龍邦從盟友變敵人，終結詹家 71 年獨攬局面。（資料來源：風傳媒／https://www.storm.mg/lifestyle/4113971?mode=whole）

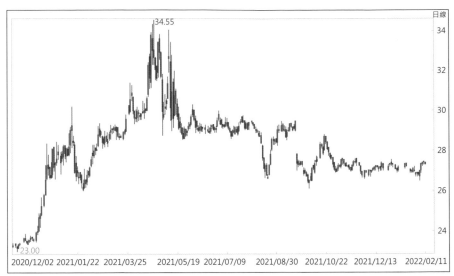

泰山 2021 年股東會期間股價走勢圖
（技術分析資料來源：元大證券→籌碼→股票代號：1218-日線）

我的分析看法：

① 大戶籌碼：外資 2.36%、董監持股 29.91%、大戶 77.84%、散戶 22.16%。

② 動盪多年的泰山，真的連年征戰，該公司於 2021/12/16 召開臨時會，由公司派完全掌握現任公司，不過有趣的是當時股價由 27.1 元至 27.3 元，漲幅 1%（至 2022/02/11 收盤價統計），但臨時會前股價來到波段高點 34.55 元，顯而易見的應屬股東會的因素。可見，公司的轉投資議題也是相當重要的一件事。

③ 總結：就新聞操作及籌碼上來看，泰山企業最值錢的不是土地資產，而是泰山持有市占率第二大超商「全家」22.47%的股權。不過，你仍然要留意龍邦董座朱國榮對於泰山的經營權似乎尚未放手。不過這家公司很特別的是外資持股並不高，個人的看法是經營團隊不甚穩定，即第三代接班不睦確實是問題，但大戶持股佔有 77.84%，相信也是衝著高收益而來。

6、股票代號 2102：泰豐

新聞決戰：泰豐輪胎經營權大戰 從報紙頭版打到股東會 為何意外牽動台苯股權爭奪戰？（資料來源：今周刊／https://www.businesstoday.com.tw/article/category/183016/post/202109010004）

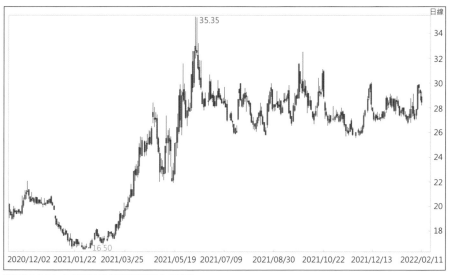

泰豐 2021 年股東會期間股價走勢圖
（技術分析資料來源：元大證券→籌碼→股票代號：2102-日線）

我的分析看法：

① 大戶籌碼：外資 5.56%、董監持股 34.75%、大戶 73.36%、散戶 26.64%。

② 2021/8/31 為公司臨時會，而南港輪胎在股東會前已砸近 10 億元持股 14％，但因持有泰豐股權未滿 1 年，因此無法徵求委託書，最終僅拿下一席董事席次，不過南港並無退意，市場派代表林學圃看重的是泰豐土地資產優勢，包括泰豐中壢廠占地高達 4.4 萬坪，其中 1.7 萬坪已變更為工商綜合區，另外近 2.7 萬坪為開發價值高的住宅區，還有其他土地資產。**股價由 28.1 元至 28.45 元**，漲幅 1.24%（至 2022/02/11 收盤價統計）。

③ 總結：就新聞操作及籌碼上來看，這場臨時會有一個最特別的

人孫鐵漢，這位在台苯經營權爭奪戰中的市場代表，同時也是泰豐市場派的代表之一，很特別吧！我想補充給你的是市場派有不少人物，緊盯者擁有龐大商機的公司，你一定會重複不斷的看到這些人出現在正被狙擊中的股東會現場。因此，我對本家公司的總結是：南港輪胎在 2022 年必定再次挑戰泰豐經營權。

7、股票代號 1785：光洋科

新聞決戰：光洋科經營權爭奪戰的啟發，公司治理到底靠什麼維繫？（資料來源：遠見／https://www.gvm.com.tw/article/85265）

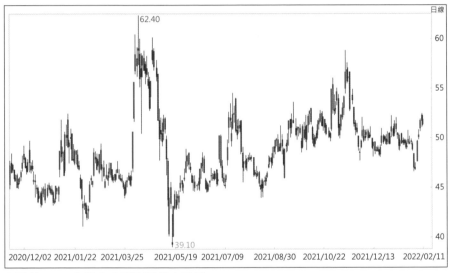

光洋科 2021 年股東會期間股價走勢圖
（技術分析資料來源：元大證券→籌碼→股票代號：1785-日線）

我的分析看法：

① 大戶籌碼：外資 5.8%、董監持股 3.33%、大戶 35.96%、散戶 64.04%。

② 2021/12/27 公司臨時會收盤價位 49.9 元，跨越 2022 年後**股價 51.9 元，漲幅 4%**（至 2022/02/11 收盤價統計），維持一定股價表現。另外，台灣鋼鐵集團會長謝裕民近幾年在市場上與台鋼集團董事長王炯棻，已順利插旗多家上市櫃公司：春雨鋼鐵（2012）加計友軍共持

有 35％、榮剛（5009）則持有 25％、台苯（1310）27％、友訊（2332）21％、久陽精密（5011）35％、精剛（1584）25％、沛波（6248）50％、易通展（6241）40％、友勁（6142）42％、加捷生醫（4109）則是 29％，這都是很重要的觀察參考資料。

③ 總結：就新聞操作及籌碼上來看，光洋科雖然最後經法院判決暫時停開臨時會，但就市場派的實力來看，最終將在 2022 年度發動一場驚人的經營權大戰；這場應該會有很驚人的表現，兩個董事長、兩個臨時會，犧牲了小股東的權益；但你也不要氣餒，這代表這檔股票在未來是可以波段操作的。因為，兩邊都屬剽悍的團隊，而你只要在「鷸蚌相爭」的過程中，穩穩撈進應有的獲利即可。

8、股票代號 2206：三陽

新聞決戰：三陽經營權變天 幕後還有更多盤算。（資料來源：今周刊／https://www.businesstoday.com.tw/article/category/80392/post/201406260044）

三陽 2021 年股東會期間股價走勢圖
（技術分析資料來源：元大證券→籌碼→股票代號：2206-日線）

我的分析看法：

① 大戶籌碼：外資 7.74%、董監持股 8.02%、大戶 73.25%、散戶 26.75%。

② 這是 2014 年前三陽總經理張國安長子的「王子復仇記」，當時張宏嘉為首的張家勢力成功逼退黃家。但外界不知道的是，真正主導這次三陽經營權變天的幕後關鍵人物，是來自新竹的九鼎開發執行長、同時也是三陽董事的吳清源。經過多年後，現任董事長即當時的董事吳清源已接掌三陽多年，跨越 2022 年後**股價 27.15 元**（至 2022/02/11 收盤價統計），該檔個股可以發現董事長持股已從當時的 7%降低至 2.52%，另外最新董事長股票質借比例達 82.59%。因此，外資不斷調降持股比例不是沒有原因，相信主要是對於經營團隊的不信任因素所致。

③ 總結：就新聞操作及籌碼上來看，這家公司與其他曾經發生過股東會經營權之爭的公司一樣，主要鎖定的目標就是內湖企業總部園區的建物，營銷總額約達 450 億元。另外，由於電動機車已受到廣大國民接受，且在政府輔導及補助下，如能專注於本業，相信這家公司股價未來仍有表現機會，不過要先穩定公司內的經營團隊才是核心，不然也十分容易遭遇其他市場派的覬覦。

9、股票代號 5478：智冠

新聞決戰：智冠經營權大戰落幕，網銀國際與遊戲橘子僅拿 1 席董事席位。（資料來源：數位時代／https://www.bnext.com.tw/article/49522/war-of-soft-world）

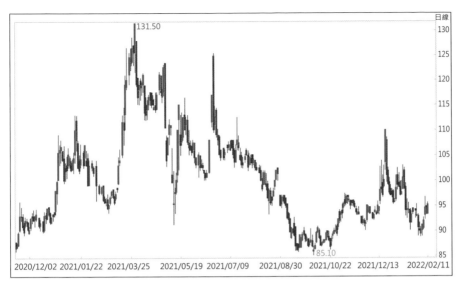

智冠 2021 年股東會期間股價走勢圖
（技術分析資料來源：元大證券→籌碼→股票代號：5478-日線）

我的分析看法：

① 大戶籌碼：外資 30.16%、董監持股 16.95%、大戶 55.64%、散戶 44.36%。

② 2018 年的遊戲市場，沸沸揚揚的在市場派代表網銀與遊戲橘子聯合下，展開智冠經營權之爭，此為一項三方優勢結合經營權之戰，最終網銀取得一席董事。股價由 2021/3/30 波段高點 131.5 元滑落至目前股價 95.2 元，跌幅達 27.6%（至 2022/02/11 收盤價統計），其關鍵因素為智冠擅長的通路經營遭結構性破壞。

③ 總結：就新聞操作及籌碼上來看，智冠、網銀與遊戲橘子三者各有優勢，智冠擅長通路，遊戲橘子則精通遊戲代理，網銀則偏向遊戲開發，而以博弈為主的網銀董事長蕭政豪並未放棄智冠的經營權，反而是透過一席董事深度了解智冠公司的運作，並透過結構式建立專屬的通路平台來提高網銀優勢。相信在不久的時間內，又將有機會見到這三家經營權之戰，拭目以待！

10、鼎泰豐（未上市）

新聞決戰：鼎泰豐每年進帳 100 億 大股東賣股驚爆內幕。（資料

來源：中時新聞網／https://www.chinatimes.com/realtimenews/ 20210228000008-260410?chdtv）

我的分析看法：

該公司是我從未上市櫃當中挑出唯一具有代表性的投資標的物，你若要投資該公司，可能要在市場上尋找一下。發生在 2021 年初的經營權之爭，其出發點：

① 持有鼎泰豐 45％股權的第二大股東-台聚集團家族大哥吳亦猛對於鼎泰豐未來的發展產生疑慮；

② 公司並未有上市櫃的計畫，再加上現任董事長楊紀華曾親口告訴媒體，「員工薪資占總營收的比重，已從 48％大增至 56％。」此言一出，嚇壞一干餐飲業者，因為一般餐飲業者的人事費用約占 25％，最多不會超過 3 成，但鼎泰豐的人事成本幾乎比同業整整多了快一倍。這兩個因素，確實會引起投資者的疑慮；不過端看這場投資報酬率，相信第二大股東吳亦猛著重的應該是第三個因素；

③ 疫情考量及獲利不錯條件下，也會想要獲利出場。

4-2 去不了開會現場，你可以從技術面著手

全台上市櫃公司多達 1700 多家，多半投資人不可能出席每一場公司股東會，但是可以透過技術分析工具、新聞時事、開會通知書等來觀察手中持股的公司表現狀況。

在上一節中你看了許多上市櫃公司的股東會、臨時會爭霸新聞後，應該了解了你該在何時進場及出場。接下來建議你搭配日線及周線技術分析操作，有關均線的參數（註 9）一定要設定正確，你可以運用合適邏輯概念進行調整。

（註 9）均線參數：（年均→240、季均→60、月均→20、日均→5，1
　　　　年約莫有 240 個交易日、1 季約莫 60 個交易日、1 個月約莫

20 個交易日、1 周約莫 5 個交易日、），周線參數：（周均→4、季均→12、年均→52，4 周相當 1 個月、12 周相當 1 季、52 周相當 1 年）。參數我用兩個方向做說明，希望可以啟發你靈活用的思維；同時建議你，千萬不要太深度糾結百分百的精準度，倘若你要學習技術分析，當你到達一個境界後就能完全體會我說的涵義。

此外，有關均線技術分析部分運用方式，考量你持有各公司股票時間長短規劃，建議你日、周線一定要對照使用，並需要清楚了解有關股東會運作，因每家公司的結構不同，使用上也會有差異。後面章節，我會補充透過開會通知書及股東會現場來進一步觀察你手中持有的上市櫃公司。

一般來說，股東會旺季時間為每年 5～6 月；但這幾年因為疫情因素，順延至 7～8 月的狀況也不少，但我相信任何企業都應該在各式環境下不斷成長，故 2022 年起透過視訊召開股東會的狀況應該會增加許多，且拭目以待！這裡我要強調的是旺季時間你要記住，搭配技術分析，掌握好進場點及出場點。

每家上市櫃公司的股東會開會時間一般來說，每年都是固定的；基本上，有些公司會取日期諧音開會（例如：8 日、18 日），或參考農民曆挑選好日子開會。**那麼，在技術分析上你即可依該公司「股東會開會日」往前推 3 個月，並參考 K 線收盤價位站上日均 20、60 或周均 4、12 做為該公司的進場點，特別是 K 離周均越遠越好；出場時間點可於參考技術分析 K 線跌破日均 20、60 或周均 4、12 做為該公司當年度股東會的出場點，若要續抱，也可以股東會結束後一周內出場，這也是一年只在股東會期間操作一次的方法。**

接下來，我們繼續追蹤下列九家公司的表現。

1、股票代號 1504：東元

東元技術線圖
（技術分析資料來源：元大證券→籌碼→股票代號：1504-周線）

① 開會日期：110 年 5 月 25 日

② 透過技術分析周均觀察起始日期：110 年 2 月 25 日

③ 進場點：K 線站上周均 4、12 買入

④ 出場點：期間 K 線跌破周均出場；續抱則於開會日後一周內或 K 線再次跌破日均 20、60 賣出

2、股票代號 8249：菱光

菱光技術線圖
（技術分析資料來源：元大證券→籌碼→股票代號：8249-周線）

① 開會日期：110 年 6 月 25 日

② 透過技術分析周均觀察起始日期：110 年 3 月 25 日

③ 進場點：K 線站上周均 4、12 買入

④ 出場點：期間 K 線跌破周均出場；續抱則於開會日後一周內或 K 線再次跌破日均 20、60 賣出

3、股票代號 2371：大同

大同技術線圖

（技術分析資料來源：元大證券→籌碼→股票代號：2371-周線）

① 開會日期：110 年 6 月 28 日

② 透過技術分析周均觀察起始日期：110 年 3 月 28 日

③ 進場點：K 線站上周均 4、12 買入

④ 出場點：期間 K 線跌破周均出場；續抱則於開會日後一周內或 K 線再次跌破日均 20、60 賣出

4、股票代號 1310：台苯

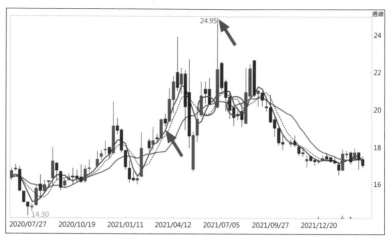

台苯技術線圖
（技術分析資料來源：元大證券→籌碼→股票代號：1310-周線）

① 開會日期：110 年 6 月 25 日

② 透過技術分析周均觀察起始日期：110 年 3 月 25 日

③ 進場點：K 線站上周均 4、12 買入

④ 出場點：期間 K 線跌破周均出場；續抱則於開會日後一周內或 K 線再次跌破日均 20、60 賣出

5、股票代號 1218：泰山

泰山技術線圖
（技術分析資料來源：元大證券→籌碼→股票代號：1218-周線）

① 開會日期：110 年 5 月 27 日

② 透過技術分析周均觀察起始日期：110 年 2 月 27 日

③ 進場點：K 線站上周均 4、12 買入

④ 出場點：期間 K 線跌破周均出場；續抱則於開會日後一周內或 K 線再次跌破日均 20、60 賣出

6、股票代號 2102：泰豐

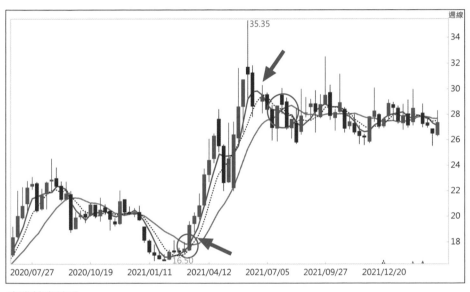

泰豐技術線圖
（技術分析資料來源：元大證券→籌碼→股票代號：2102-周線）

① 開會日期：110 年 6 月 17 日

② 透過技術分析周均觀察起始日期：110 年 3 月 17 日

③ 進場點：K 線站上周均 4、12 買入

④ 出場點：開會日後一周內或 K 線跌破日均 20、60 賣出

7、股票代號 1785：光洋科

光洋科技術線圖
（技術分析資料來源：元大證券→籌碼→股票代號：1785-周線）

① 開會日期：110 年 6 月 18 日

② 透過技術分析周均觀察起始日期：110 年 3 月 18 日

③ 進場點：K 線站上周均 4、12 買入

④ 出場點：期間 K 線跌破周均出場；續抱則於開會日後一周內或
K 線再次跌破日均 20、60 賣出

8、股票代號 2206：三陽

三陽技術線圖
（技術分析資料來源：元大證券→籌碼→股票代號：2206-周線）

① 開會日期：110 年 6 月 23 日

② 透過技術分析周均觀察起始日期：110 年 3 月 23 日

③ 進場點：K 線站上周均 4、12 買入

④ 出場點：期間 K 線跌破周均出場；續抱則於開會日後一周內或 K 線再次跌破日均 20、60 賣出

9、股票代號 5478：智冠

智冠技術線圖
（技術分析資料來源：元大證券→籌碼→股票代號：5748-周線）

① 開會日期：110 年 6 月 17 日

② 透過技術分析周均觀察起始日期：110 年 3 月 17 日

③ 進場點：K 線站上周均 4、12 買入

④ 出場點：期間 K 線跌破周均出場；續抱則於開會日後一周內或 K 線再次跌破日均 20、60 賣出

相信你經由這九個案例實戰後，應該可以看見一個相當簡單的「股東會期間操作法」，這個操作方式風險相當低，會有相當不錯的獲利。

在股東會期間操作風險較低的主要原因,答案就是交易量,有量就能撐價。另外,我還要告訴你一項很重要的練習重點,就是「進場點用周均」、「出場點用日均」,你不僅風險更小,且獲利可能會來到最高;礙於太多技術分析圖需要交叉說明,所以這個練習題就只好留給你了。或是,你也可以前往 Hi-Stock 嗨!投資 訂閱我的基本技術分析影音課程。https://histock.tw/event/video.aspx?no=122955&vid=264

有關我的技術分析課程,目前雖只提供基礎課程,但絕對是你通往財富自由必備的重要工具;絕對不是為了硬推銷,而是若你沒這方面基礎,就算我真教了更深的技術分析技法,你還是會聽不懂的,所以建議還是按部就班學習。投資學習歷程與我們求學過程是一樣的,若你真的缺這一塊基礎,請先好好修練一下,看到這麼多人賠很多錢,卻不願意花一點小錢學習;佛說:佛度有緣人,而琨琳也是位凡人一枚,絕對沒法在一次機會內就教會你完美交易投資術,有沒有緣就一切隨緣!

除此之外,技術分析進階版影音課程我也會在此獨家授權 Hi-Stock 嗨!投資。至於技術分析書籍出版部分,因為需要規劃不同階段的學習歷程,因此,唯有你用行動力給予我支持,出版社才會受理我的出版,哈哈!

4-3 股東會徵求期間獨特的股票操作關鍵注意事項

股東會期間有一個最特別的現象,那就是徵求點,所謂的「徵求點」意思我先說明一下,在 1-1 小節中我就特別提到股東會的制度及沿革,也就是在國內的股東會當中相當著重在公司的經營權這件事。而在 4-1 小節中相信你有觀察到一件有趣的事,那就是上市櫃公司董監事持股的比例基本上都不是很高,這一點會造成另一個狀況,也就是為了能在股東會當中順利通過董事會的議案表決,所以股東會必需要有達 51%以上的股東同意次年度的營運計畫……等等;而董監事股權在不足的情況下,就必須要透過發動「股權徵求」這項程序來完成每個議案的決議。

對於相當多上市櫃公司會發動「股權徵求」這項程序時，就可能會出現一個千載難逢的投資機會，你一定要特別掌握這個機會創造出兩種收益。首先，我在 4-1 小節提到的都是透過新聞來判讀經營權之戰的重要關鍵；接著，我又在 4-2 小節提到透過技術分析周均及日均的操作技巧，獲取股東會期間的投資收益。

那麼你一定會很好奇，股東會開會時間是何時？一般來說是不知道的，通常集中於 5～6 月，所以常態性的留意上市櫃公司新聞及觀察技術分析是相當重要的每日功課；**最特別要觀察的點就是 2～3 月間大戶特別買入的公司**，這些公司當中，很多在當年度都有可能出現「股權徵求收購」的獲利（註10）；同時套用「股東會期間操作法」，那麼你就有機會獲得多一次的收益。

不過、不過、不過你要聚精會神，成為當年度的股東這件事很重要；錯過了成為當年度關鍵股東的時間，你就會少了這個獲利機會。至於何時是關鍵時間？我在 6-2 小節當中會有相當詳細完整的說明，你一定要超級無敵認真的學習好這小節，**我的全書都將會成為你實現財富自由最重要的工具書之一。**

簡單來說，布局要早，才不會錯過成為當年度股東的機會，觀察要細膩，透過技術分析工具周均、日均觀察成交量，最後重複查詢大戶持股比重；完美三步驟，你就可以提前掌握當年度的股東會飆股囉！

回到本節的「股東會徵求點」觀察重點，由於要量化觀察這件事比較困難，因為徵求點遍布全台；因此我要提供你的觀察要件有三項，大方向掌握即可呼應量化觀察這件事：

（註10）股權徵求收購：市場上的股權徵求意指上市櫃公司除了應發放的股東會紀念品外，收購股權這件事是存在的；當然，被舉發的話是有罰鍰的，所以多數的公司都是默默低調運行，細節請看開會通知書警語。

1、當你前往徵求點兌換股東會紀念品時，若你有 2 家以上的上市櫃公司股票，請先抽出 1 張開會通知書向徵求點的服務人員兌換；另外 1 家擺在你的包包裡面，你只要佯裝再找另 1 家的開會通知書翻來翻去的，慢慢找的同時就可以問徵求點服務人員，今年哪幾家紀念品比較好。

此時，徵求點的服務人員一般會說出該年度十分欠缺股權的公司；亦或是該年度將會有股權大戰的公司，你就可以掌握了這兩個公司的投資訊息。當然你要佯裝千股以上的大戶也是可以的，但是演技要好一點。

再次補充一下，已經開始股權徵求時，便不會有「股權徵求收購」的收益了。

2、徵求點座落地以台北居多，懷寧街、台開大樓、整條重慶南路來回走一趟，多問幾家徵求點，你就明白我說的量化觀察這件事，很夯的公司在每個徵求點一定超熱；至於外縣市徵求點座落在哪我比較不清楚，歡迎全省的投資朋友不吝提供這方面的資訊給我，謝謝！

不過，大方向就是券商股務周邊一定有；另外菜市場也不少。總之，徵求點裡的服務人員其實也都是很重要的資訊來源。有關徵求點及券商股務資訊，我整理在 7-1 小節中，你也可以參考看看。

最後補充有關新聞上播出的徵求點熱鬧畫面，這個畫面部分是不可以參考的，原因是新聞媒體的畫面會套用舊的影片剪接；所以，除了打架會上即時新聞，通常都是紀念品新聞；因此，與你需要的徵求點量化資訊是不同的，切莫看到移花接木的新聞畫面或道聽塗說的言論，就判定你要加碼投資的公司。最好的方式，就是親自走一趟！

3、這點不能被歸類為量化，但我個人覺得是很重要的資訊；如果你經過多年後持有的公司股票越來越多時，也就是你已經將我教你的重點運用自如，並成功邁入財富自由了。建議你找 2 個專屬的徵求點服務人員（要找資深一點的）來協助你，每年股東會即將開始時，這些服務人員蠻早就掌握了哪家公司要進行股權徵求，或是準備開始經

營權大戰了。人脈是錢脈，比別人早取得的資訊也是錢脈，不是嗎？

還有一招很有效率，可以了解你投資的公司現況。

真不是蓋的，一場股東會可以透過很多方式找到投資機會。由於方法緣自於剛剛提到的徵求點第 1 項，而本次微服出巡方式是採用電話，出巡前請查詢好每家上市櫃公司電話並記錄於【上市櫃公司系統評鑑表】。

讓我分為兩項話術，提供給你參考：

1、小股東怎麼打這通電話：

你好，我是貴公司的小股東，①我想請問今年股東會紀念品的領取方式；另外可以請問，②如果我是千股的話要怎麼領？

2、大股東怎麼打這通電話：

你好，我是公司的股東，①請問今年公司的營收狀況如何？另外，②明年公司有沒有新的營運方向？③今年有股權徵求收購嗎（這個問題是很專業的，通常得到的答覆也很有趣）。

以上我提供的目的是為了確認你的投資標的是否應加碼買進或賣出，所以不希望你調皮的戲弄公司股務，大家都是出來混口飯吃，別為難人家。

不論你採用哪一種話術，身分不同，談話的內容就會不一樣；因此，關鍵是口吻、語氣、態度，至於你要佯裝哪一個身分都可以，當然公司股務的回答內容才是關鍵，這個部分你可以好好體驗體驗。

我在本小節做最後補充；一年裡不就撥那麼 1～2 次電話，如果公司的股務答覆你的內容不佳，那麼，你可要仔細研判是要買入還是賣出該檔公司股票。這股務與你對話中，虛虛實實、真真假假，掌握好談話的核心及想要的資訊，很多時候公司股務也會是你的投資好夥伴！

4-4 如何規劃及執行探礦作業

這麼多上市櫃公司的一場「股東會」有著非常多的投資機會，談到這邊我想幫你整理一下，這樣你的邏輯才會更加完整。目前我分享給你的股東會操作方式已經有下列幾項：

1、【上市櫃公司系統評鑑表】透過股東會現場細節進行評鑑，這項優點在於掌握公司的團隊合作及董事長的風格，相信直覺式的觀察會讓你有很深刻的印象。

2、【定期定股投資、定股定價投資、價差套利術】這是我首本著作《零股獲利術》的升級版，旨在強調投資上可以採用的操作方式；另外，本方式不單單限於零股，而是千股、零股皆可運用的操作技巧升級版。對於資金小的投資朋友，特別可以採用本法在低風險及高度學習過程中累積人生第一桶金，階段式的邁向財富自由。

3、【股東會新聞、大戶籌碼操作法】經由股東會、臨時會經營權大戰及大戶籌碼分析，掌握這些公司未來幾年的股價走勢及方向。

4、【股東會期間技術分析周均、日均操作法】最獨特的股東會期間技術分析，特別留意每年的 2 月開始啟動，一魚兩吃的機會特別要掌握好進場時間；另外出場的時間請多加練習，運用得宜，可以讓你資產翻倍速度更快且進階成專職操盤人。

5、【股權徵求觀察法】魔鬼藏在細節中，別忘了廣結善緣的機會；惟有和氣迎人及精益求精的態度，最終一定可以感受到「天道酬勤」的體現。

6、【股東會紀念品投資法】在完整學習前一至四章股東會核心後，本書的上半部已經可以帶給你一個全新的體驗；接下來五至八章為本書下半部，最不可思議的投資術、股東會紀念品投資術即將展開。沒錯，一魚三吃再加上上半部，這一場「股東會」**讓你一魚想怎麼吃就怎麼吃！**

以上共有六項再次整理一下思維，至於你想要怎麼搭配使用，我

個人建議你看完下半部，好讓我有機會打通你的任督二脈，別問我為什麼？讓你成為登峰造極的投資高手這個重要任務，可以讓我非常開心、快樂！不過，「師父領進門，修行靠個人」，我本有教無類，但朽木若不可雕，若非你有問題，就是我功力不足；只盼有比我更合適的人可以協助你，實現你的財富自由。

　　滿天星斗的金色山脈管理起來確實相當不易，既要親臨又要學習技法，平日功課真不少，這是相當令人困擾的一件事！但請你一定要見諒，當你帶回這本書時，除了獲得我的感謝外，不外乎就是為了讓你體現「財富自由」這件事；那麼，請恕我直言了，不經一番寒徹骨，焉得梅花撲鼻香。

　　上天是公平的，你得付出比你想像中的還要更多，付出越驚人，收穫自然是多。再次用我最誠心的四個字「天道酬勤」與你分享，畢竟賺錢真不是件輕鬆事，至少在你尚未找到財富自由的方法前，請你一定要「研精畢智、兢兢業業」竭至成功，而時間是不等人的，千萬別蹉跎了你的美好人生，祝福你，加油！

Part 5
擁有金色山脈的股東會紀念品，淘礦就是這麼簡單

是否一定要擁有全台金色山脈這件事，我想你心中會有自己的想法；依我來看，同時擁有定期產出的紀念品「礦場」外，若經評估後認為有遠景的公司，其實都可以先透過零股「前哨兵」掌握該公司的一切動向。因此，從本章起，我要開始教你如何取得「股東會紀念品『礦場』」，並且順利獲得年年穩定的收益。

5-1 零股與股東會紀念品之間最重要的觀念

其實在第一章中就已提到零股與股東會及紀念品之間的關聯性，而這節是為了補充沒有發放股東會紀念品的上市櫃公司，與我們透過零股投資需要掌握的重要差異點！完整的分析，讓你可以全面掌握零股投資要點，同時了解，為何一樣要投資沒有發放股東會紀念品的上市櫃公司？

首先，了解一下台灣金融證券交易市場上零股可投資的標的物，共分為上市、上櫃、ETF、TDR，這麼多的投資標的共約 1700 多家，而會發放股東會紀念品的上市櫃公司約有 450～530 家之間，其中浮動的因素，多為該公司遇到當年度董監事改選，就會造成該年度可領取的股東會紀念品家數的差異，而這每年可以產出紀念品的礦場，在下一節有完整說明及整理。

再回到為何也要投資沒有發放股東會紀念品的上市櫃公司這件事，主要原因有：

一、許多優質高股價上市櫃公司並沒有發放股東會紀念品；

二、該上市櫃公司股權集中，大股東持股超過 51%以上。

基於這兩個因素，我們來分別說明：

優質高股價上市櫃公司

包括：台灣上市股王（股票代號：3008 大立光）、護國神山（股票代號：2330 台積電）、IC 設計龍頭（股票代號：2454 聯發科）……等等，有許多優質上市櫃公司不僅僅股價高，更重要的是公司每年發放的現金股利大多獲得投資人的讚賞，所以想當然爾該公司就會認為，回報股東最好的報酬就是股利。

基於這個因素，每年配發高股利加上穩定的股東報酬率，相對來說經營團隊比較不會遇到重大的經營權之戰，公司團隊只要專心幫助股東獲利，也不須額外支出股東會紀念品的預算，憑藉的就是專業經營團隊以及穩定的獲利能力。相信這類型態的高收益並兼具股東報酬率的優質公司，絕對是零股投資人不可忽視的投資標的物。

經營團隊持股超過 51%

這類型的公司多數沒有高股價，但是憑藉著董事長及家族、大股東的股權集中，明顯超越 51%的實體股權，股東會的召開僅只是依照公司法第 170 條規定必須召開罷了，公司的運作完全不受外部股東的影響（牽制）。

我要舉個特別的例子，透過這個例子，你可了解這家公司轉變的過程。

股票代號 5604 的中連貨運，這家公司的股價 2020 年前多在 30～40 元間盤整，但仍有發放股東會紀念品，很特別的是該公司自 2020 年後就沒有再發放股東會紀念品了。

大家一定很好奇這家公司發生了什麼重大經營策略的調整？就讓我來跟大家說個清楚。

我曾經在 2017 年拜訪過這家老字號的上櫃公司，說老字號還真不為過，當我去到該公司（台中總公司）時，發現該公司幾乎都是超級

資深的員工，放眼看過去，50 歲以上的員工真的相當多，一問主管才知道，超過 20 年以上的資深員工大概佔比 50%以上，甚至更高。

記得當時主管還跟我說，我們董事長的股權不僅集中，而且完全不需要透過股東會紀念品發放來尋求支持，會持續發紀念品純粹是因為董事長特別重感情。

除外，公司早已經不需要經營貨運業務，因為在長年經營全台貨運過程中，董事長都已經將該站場連同周邊的土地全數購入為公司的資產，所以公司根本就不需要再經營貨運業務，純粹的土地出租或是變賣就可以為公司帶來穩定甚至驚人的報酬。

果然，才經過不到 3 年的時間，現在的中連貨（股票代號：5604）已經將全台的站所營運全部都結束，經營策略改變不僅節省公司的支出，更處分一些用不到的資產，並專注於場地出租，目前已經成功轉型為一家資產管理公司，當然這樣的公司也因此掌握了大筆現金。那麼，是不是要以是否有發紀念品來評估該不該投資這樣具有高獲利潛力的公司，正是你的零股「前哨兵」發揮功能的時刻啦！

我再補充說明這家上櫃公司：董事長不僅是位宅心仁厚的長者，更重要的是他能審時度勢，充分了解公司團隊的實際狀況，在最適當的時間進行轉型，不僅兼顧股東的權益，也對經營團隊十分用心，這樣與員工、股東福祉相依的上市櫃公司董事長，實在值得敬佩！

5-2 股東會紀念品，送禮自用兩相宜

不可思議、獨步全球（註11）、台灣限定版的股東會紀念品，可以「開源節流」用於你的日常生活，特別是對小資族而言，在這裡「淘礦」的獲利（成就），可能不輸給阿里巴巴的「淘寶」！

每年高達百億採購金額的上市櫃公司股東會紀念品，到底會送出些什麼內容，相信你一定很好奇吧！

你知道嗎？善用這些股東會紀念品，不僅可以減輕家庭日常必需品的支出，還可以讓你的人際關係更加豐富。透過零股投資獲得的股東會紀念品，你就不需要再花錢購買任何的日常用品，這不就是我所提到的獲利來源！

或許你還是心中有疑惑，且讓我簡單介紹 2020-2021 年上市櫃公司股東會紀念品的林林總總，你便會了解到全世界最好賺的錢就是「零股投資」，因為一個簡單的投資，竟然可以讓你的生活從此改觀；更因為你掌握了上市櫃公司的第一手投資訊息，因而取得了全面性的投資先機。

下一個章節，我將會深度的透過股東會紀念品告訴你，年年登場的上市櫃公司股東會到底可以幫助你產生什麼樣的獲利！

（註11）獨步全球：目前全球有發放股東會紀念的國家只有台灣和日本。之所以說台灣是「獨步全球」，是因為只有我們才會有大百匯般的紀念品發放。日本發放股東紀念品以「折價券」或「兌換券」居多，且發出的數量或面額是依投資人持有股數不同而有所差異的。

讓人眼花撩亂的禮券

我曾經領到過的禮券型股東會紀念品有哪些？包括：35～200 元的全家禮物卡、35～200 元的 7-11 商品卡、王品集團 2,200 餐飲券、全家、7-11 茶券、咖啡券、冰淇淋券、義美提領券 50 元、日成 KY D.Vita 及 ReMODA 平台購物金 7,000 元、光隆實業 500 元商品抵用券、摩斯/樂雅樂餐飲兌換券、御頂集團餐飲抵用券 500 元、燦坤贈品兌換券 200 元、台開新天堂樂園股東禮兌換券、大魯閣 600 元消費抵用券、iTi inPhoto 相片沖印券、智崴 i-Ride 5D 視覺體驗兌換券、數位學習課程體驗券、MyCard 點數卡、台肥深海水抵用券、鴻海股東限定版 18,888～88,000 購物金、志嘉亮點旅店住宿抵用券 500 元及餐飲抵用券 100 元、南仁湖小墾丁渡假村 500 元住宿抵用券、桃禧飯店集團 100 元現金抵用券……等，相信大家看到這裡應該已經眼花撩亂了吧！

全家愛用，婆婆媽媽都瘋狂

日常家用的股東會紀念品則有：300g～2,000g 各級稻米、雞肉鬆、家常麵條、愛之味花生八寶 3 瓶、毛寶洗碗精、抗菌洗衣精、抗菌香皂、抗菌沐浴露、南僑肥皂、洗衣精、多功能衣架、收納鞋架、竹碳襪、360 度旋轉智慧感應燈、環保小麥餐具組、熊愛台灣棘輪起子工具組、不鏽鋼吸管組、充電式手電筒、工具組、立體口罩套、多功能後背包、多用途脖圍、耳機、李時珍頂級四物鐵、玫瑰肌因水潤光面膜、Q10 面膜、玻尿酸面膜、金安德森運動毛巾、摺疊雨傘、觸控顯示智能保溫杯、XO 梅甘醬油禮盒、茶樹檸檬環保洗衣膠囊、高露潔旅行組、密扣式玻璃保鮮盒、康寧 VISIONS 晶彩琥珀 8.5 吋深盤、陶瓷水果刀菜板套組、雙人牌砧板、不鏽鋼抗菌杯、超純水嬰兒潔膚柔濕巾 20 抽單包、楓康吳羽保鮮膜、黑胡椒蘑菇醬組、極品銀耳燕窩飲、維生素 CDE+鋅複方膠囊、HAC 常寶益生菌粉、劍湖山酷咖啡、蒲公英環保抽取衛生紙、複方滾珠精油、隨身碟、簡易按摩器、Arenes 護手霜、USii 高效鎖鮮袋超值組合包，真的是噯呀我的媽，婆婆媽媽都瘋狂，全家愛用。

沒吹牛吧！太多知名品牌商品要介紹，實在是礙於篇幅關係，大家如果有興趣更深度的瞭解，可以搶鮮前往 Hi-Stock 嗨！投資網站 https://histock.tw/stock/gift.aspx，裡面有完整的介紹及說明。

5-3 股東會紀念品增加你投資的想像力

上市櫃公司的股東會，許多都藏有公司的前瞻營運規劃，心細的投資人可以從紀念品的製造商、紀念品領取方式、委託協辦紀念品的單位中，找到公司的集團投資、行銷策略、董事長的性情等有價值的投資情報。

在紀念品製造商中發掘集團轉投資事業

在國內的上市櫃公司中，有著相當多的集團股題材，各位小資族可以從母公司與子公司中去看出相互之間的連動性，**好比統一集團中最知名的應該就屬統一超商、統一證、大統益等，華新麗華集團有華新科、華邦電、彩晶等，和信集團有中信金、中壽、中橡等。**

接下來，我將以中化集團的中化生為例，來說明母子公司間資源整合、共創雙贏的局面。當然，還有許多的集團也十分擅長這樣的操作，我也經常從集團的垂直、橫向整合發展中，發現各集團內的豐沛資源，如被妥善運用，藉由彼次間的資源優化，不僅可降低營運成本，提高整體營收，更可因此雙雙獲利，並相互拉抬股價。

從紀念品領取方式看見公司跨領域行銷策略

隨著科技時代的進步，多家上市櫃公司也在時代變遷中更迭發展全新營運模式，越來越多的傳統產業透過創新科技、AI 數據資料庫管理等，推出全新商業模式；後面，我將舉王品這家國內的餐飲界龍頭為例，看看他們如何透過手機 APP 進行一場旗下餐廳品牌的大整合；在這個過程當中，你還可以發現王品不僅成功的推升公司股價，更在這個案例中找到一家未上市的優質公司。你說這是不是太神奇了呢？

從協辦紀念品單位看見董事長的性情

委託辦理紀念品發放當中，可以看見上市櫃公司董事長的經營性情；會這麼說，是我觀察到市場上有不少公司董事長經常投入公益團體的服務，這也是從股東會紀念品當中發現的特殊現象。

另外，我要特別補充另一個董事長在發放紀念品時所展現出的真性情，這個看法最主要是想告訴你：董事長的性情將在在的影響股價的走勢；特別的例子，我找出鴻海精密的郭台銘董事長，相信他的霸氣在投資市場上無人不知、無人不曉；在 2020 年的股東會紀念品上，他十分豪氣的除了提供 18,888 元購物金外，還加碼抽獎 88,000 元購物金，這樣與股東共享、共榮的豪氣，怎麼可能不獲得股東投資的目光呢？

小細節看出企業策略方向

下面我們將檢視這三家上市櫃公司，來了解股東會紀念品中隱藏的公司整體營運策略。

中化子公司中化生採用自家商品行銷集團

中化（股票代號：1701）為國內化學藥品製造商，除醫學藥品服用劑外，更進一步發展各類日常化學保健用品。中化的子公司中化生（中化合成生技）以生產原料藥為主，也是台灣第一家通過美國 FDA 核准的原料藥廠。我從 2020 年的股東會紀念品當中觀察到，不論中化或是中化生，兩家公司都是使用自家產品做為股東會紀念品。而這樣的資源整合，最終你會看見兩家公司的股價差異，同時互相拉抬股價，表現相當不錯。我特別抓了這兩年的技術線型給你驗證，箭頭所指為當年度股東會開會日，圈圈處為股東會開會日前三個月的時間點。

中化日線圖（109 年股東會開會日 5/27、110 年股東會開會日 5/21）
資料來源：元大證券

　　緊接著我們也來看看中化子公司中化生（股票代號：1762）股東會，箭頭處為開會日，圈圈處同樣是股東會開會日前三個月的時間點。

中化生日線圖（109 年股東會開會日 5/29、110 年股東會開會日 5/24）
資料來源：元大證券

這樣的母、子公司資源整合後所創造出的雙贏局面，從股東會紀念品的銷售營收反映到股價表現中，可以觀察到個中關鍵。

王品集團疫情下逆勢操作 APP 行銷策略成功

2020～2021 年因疫情因素，餐飲業王品集團（股票代號：2727）受到嚴重影響，董事長陳正輝卻在 2020 年股東會展開逆向行銷，大方發出 2,200 元股東會餐飲兌換券：200 元的通用券+2000 元 APP 平日電子券，善用王品的集團優勢，多樣態的餐飲類別服務，並強化餐廳現場的消毒清潔，最重要的是將原假日的消費戰線成功延伸至平日，品牌下餐飲集團全面營收大增，整體營運行銷策略大成功。

另外，2021 年繼續推出了更進階版的股東會紀念品兌換券；此次，王品經 2020 年行銷策略驚人逆襲後，再度運用創新分流人潮設計，原希望可藉此提高店內滿桌率，但不受到股東們的力挺，且疫情再次升溫，目前 2022 年的股價嚴重回檔，期望 2022 年陳董可以再給我們小股東更多的驚喜。千萬別小看小股東集氣力量，也歡迎陳董再次進化升級可達雙贏的行銷策略。

一家未上市的優質公司該如何尋？王品這個案例就相當適合。首先，要了解王品集團在整體產業鏈上的位置，因為是面對客戶群的末端，所以應列為產業之下游，於是，**這一個優質餐飲業上游的供應商、合作廠商，應該是你值得關注的未上市投資標的物。**

王品日線圖（109 年股東會開會日 6/5、110 年股東會開會日 6/29）
資料來源：元大證券

鴻海精密與股東共享，博得支持

地表最強的代工集團鴻海（股票代號：2317），憑藉著龐大的股東數，再加上郭台銘董事長勇於投資員工、大膽精準引用大數據人才，從股東會暖身慶的活動當中推出股東同享的新商業模式，同樣順利的從 80.2 元股東會當日（2020/06/23）推升股價至 134.5 元（2021/03/23），重回百元俱樂部並創下波段新高，股價漲幅 67.70%，是一位十分有擔當的集團總裁。

一個好的上市櫃公司董事長，一定懂得與股東同享，我們再次從這個案例中得知，當一位董事長願意與股東一起分享時，最後股東肯定會十分樂意加碼投資這家上市櫃公司。

鴻海日線圖（109 年股東會開會日 6/23、110 年股東會開會日 6/23）
資料來源：元大證券

　　特別留意我前面提過的每年股東會開會日這件事，鴻海已經兩年都固定在 6/23 開會，我覺得很棒的是郭董這句話：日期我們不會改，每年我跟股東約定的一年一會就是這個時間。喜歡嗎？這是一份約定、責任與擔當，也分享給你。

Part 6
持股不同，領取規則不同

買進零股的時間點真的很重要、很重要、很重要，因為購入該檔上市櫃公司股票的時間，將會影響你是否能順利成為該公司當年度的股東，錯過你還要等一年。

千股領取方式及零股領取紀念品方式大不同！千股重點目標在股東會議案表決之徵求，零股重點目標則在股東會紀念品。

當你的目標不同時，很重要的正式文件就是股東會開會通知書，而熟讀開會通知書將讓你無往不利！除了前面提到的重點外，我會在最後一章為大家解說股東會紀念品可能會在未來某一刻帶來的重大商機。

最後在法定期間內成為該公司股東後，除了要熟稔開會通知書相關資訊外，也要清楚明白你為何要參與現場股東會目的。最後，我們將來到本章最重要的結尾工作，就是領取紀念品的兩項重要執行方式：

一、開會通知書領取；

二、電子投票領取。

持股的資格弄錯，該年度的股東會紀念品通通無法領取

雖然當年度領不到也不用難過，因為，這個投資的最大好處就是明年你還可以繼續領，也就是今年沒弄清楚，明年你還可以繼續學習投資這件事與領取股東會紀念品。當然，這也是出版這本書的最重要原因，只要熟讀一本好的工具書，就可以讓你變成零股達人囉！

6-1 怎麼查詢股東會紀念品發放細節？

在這小節裡，我將手把手帶你快速查詢當年度的股東紀念品清單；換言之，你可以先看完清單後決定要不要購入該檔公司。另外，我還要帶你操作，透過公開觀測站查詢股東會紀念品發上細節。除外，有時候因為開會通知書寄發的時間較慢，所以你要同時交叉使用這兩個查詢系統，相信可以幫助你事半功倍取得你需要的完整資訊。

<u>嗨！投資</u> 股東會紀念品清單查詢系統：

https://histock.tw/stock/gift.aspx

步驟一：點擊「台股」

步驟二：再點擊「股東會股利」

步驟三：最後點擊「股東會紀念品」

嗨！投資 股東會紀念品整合表
完成上述三步驟，你就可以看見該年度股東會紀念品清單。

公開觀測站股東會紀念品查詢系統：

https://mops.twse.com.tw/mops/web/t108sb16_q1

步驟一：輸入「上市櫃公司股票代號」

步驟二：按下「查詢」

步驟三：再按下股東常會公告內「詳細資料」

步驟四：詳細資料內，可看見「本次股東會紀念品為」字樣

完成上述四步驟，你就可以看見該年度每家公司的股東會紀念品詳細資訊。

基本上，透過這兩個查詢系統，已可掌握 98%的股東會紀念品資訊；但依實務操作多年的經驗，我常常會發現上市櫃公司揭露的資訊有不完整的狀況，特別是對零股的股東。因此，我還是要建議你盡可能的以「開會通知書」內的資訊為準；不過，由於開會通知書的樣式及規則相當多，所以我會在後面為你做詳細的資訊補充，絕對讓你有資格成為零股紀念品達人。

6-2 買進股票的時間點很重要

不論你是透過千股或零股取得股東身分，只要在法定公告有效時間內取得的公司股票，即可領取該年度的股東會紀念品。

因此買進千股與零股的時間點真的很重要、很重要、很重要，因為購入該檔上市櫃公司的時間，將會影響你是否能順利成為該公司當年度的股東，錯過你還要等一年。

接著我們要來了解股東會更詳盡的細則。股東會種類基本上共有兩種：1、股東常會、2、股東臨時會。

股東常會：

每年營業年度結束後六個月內至少要召集一次股東會，並且公司必須要在 30 日前通知各股東開會的時間，另外公司也必須要公開在

「公開資訊觀測站」揭露股東常會的開會重要訊息，並公告持有記名股票未滿 1,000 股的股東相關開會資訊。其中，千股依照規定一定要寄發開會通知書；零股則不一定需要寄發，由各公司自行決定是否寄發。

股東臨時會：

在必要的時候由召集人召集，開會 15 日前要通知各股東，同樣也要在「公開資訊觀測站」揭露股東臨時會開會重要訊息，並公告**持有記名股票未滿 1,000 股的股東相關開會訊息**。

兩者之間最大的差異處：**只有股東會才能承認董事會各項營業報告、財務報表、盈餘分派或虧損撥補等議案**，其中改選董事、監察人、變更章程、公司解散、合併、分割等事項必須要在股東會前以召集事由中列舉，不能以臨時動議提出。雖然都是小知識，但小知識當中都隱含了公司內部的營運結構及公司潛藏的問題；有些狀況無傷大雅，但有些則揭露了公司內部角力等狀況。因此，若能深加研究，可能會有意想不到的投資獲利機會。

接著我們來了解與股東會紀念品最相關的四個日期：1.股東會日期、2.停止過戶日、3.最後過戶日、4.最後買進日。

1、股東會日期：

我將直接舉例說明（見圖示），假設股東會開會日期是 6/8 日；透過法令反推，你可以知道停止過戶日及最後過戶日。

2、停止過戶日：

將股票所有權進行轉移，就稱之為過戶。

停止過戶起算日怎麼算呢？

股東會開會日往前算 60 天，也就是就 4/10 為停止過戶的起算日。這個計算為日曆天，而不是工作日。

停止過戶截止日期又要怎麼算呢？

股東會開會日期往前算 30 天，也就是就 5/10 為停止過戶的截止

日。

3、最後過戶日：

這個日期是領取股東會紀念品最、最、最重要的日期，錯過這個日期，要等一年才能領取股東會紀念品。

要成為法定的股東，就必須在最後過戶日前完成交割，並且一定要在最後過戶日前完成過戶手續。

過戶方式目前有兩種：傳統股票（紙本）過戶及集保過戶，市場上多以集保過戶居多。實務上，不少傳統股票過戶並未在時間內完成，導致投資人失去當年度的股東身份。

完成過戶程序後，你才能算是該公司股票的真正持有者，同時你也才會出現在該年度的股東名冊當中，成為該公司的正式股東，也才能享有參加股東會、領取紀念品、表決議案、投票選舉等權利。

4、最後買進日：

用本範例來看，你一定要在 4/8 前買進股票並支付完股款後，4/10 就一定來得及完成交割過戶。

一般來說，買完股票 3 日內要完成交割，所以一定要儘早買才不會錯過成為該公司股東的機會。

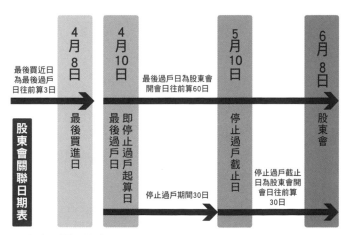

股東會關聯日期表
資料來源：琨琳狂想零股研究中心

再次提醒兩件重要又好記的操作方式：

1、千萬要在最後過戶日前完成股票交割，那麼你就一定會順利成為該公司股東囉！

2、由於各重要的關聯日期很複雜，因此建議你，每年的三月初開始買入各家上市櫃公司股票；至少 90 天的時間，一定讓你有足夠時間好好準備。

6-3 普通股及零股領取紀念品方式差很大

成為股東真是件令人開心的事！本章中，我要說明千股及零股領取紀念品方式的重要差異處，雖然同樣是屬於上市櫃公司的股東，但是在發放紀念品這件事上卻大不相同。

一、開會通知書領取紀念品：

上市櫃公司股東會常有千股以上的「徵求」因素，在整個徵求（委託書）期間，你可以憑開會通知書上說明，在上市櫃公司約定的徵求時間內及徵求地點處，前往領取你的股東會紀念品。零股的部分，有很高比例的領取作業是透過「電子投票」領取的，這一點需要特別留意。

徵求的目的，是為了促成股東會議案表決確定，而行使股東議案表決需要 51%以上之股權委託書才可以決議當年度股東會所有的議案，但是台灣目前公開發行股票的上市櫃公司中，有許多董事會股權不足 51%，因此必須透過委託書徵求的程序收集股權，這樣股東會開會時才能順利表決所有董事會議案。萬一股權不足，就容易造成流會，也就是還要再加開股東臨時會來審查議案，勞民又傷財。

所以，在每家公司都希望順利完成股東會開會的前提下，董事會股權不足 51%的公司，通常會提前委託合宜機構代為徵求委託書，以確保股東會順利完成。一般來說，此期間憑開會通知書就可以領取股東會紀念品了。

而零股則因為持股股數較低，並不影響該公司的股東會決議，因此徵求人不會委託徵求機構徵求零股委託書，更不會有在千股徵求期間發放股東會紀念品。所以零股股東千萬不要拿著開會通知書在徵求期間去領取股東會紀念品，切記！

當然還是會有例外，也就是除了徵求期間外，不論你是千股以上或是零股的投資人，一樣可以透過每年的股東會開會通知書領取股東會紀念品，這些公司大約佔了該年度可領取股東會紀念品總家數 2%以下。這些公司提供了多樣性的領取方式，一般來說有兩種，一是股東會開會當天前往開會現場領取，另一種則是透過電子投票到該公司指定的券商股務或公司自辦股務現場領取。

二、電子投票方式領取紀念品：

1 股以上、999 股以下的零股股東，要領取股東會紀念品，一定要認真了解目前的法令規定。

2020 年台灣證券交易所及台灣集保公司推動上市櫃公司全面電子化，希望透過電子投票以行使股東表決權，並可分流股東會領取紀念品現場的混亂狀況。目前有 98%以上的零股股東可以在電子投票後，憑該公司開會通知書說明之規定，前往該公司指定的券商股務或公司自辦股務現場領取股東會紀念品。

下面我用股東會紀念品領取時程一覽表來整合說明：

同樣的我們用股東會開會日 6/8 這天來說明，在徵求期間，也就是在 4/5 最後購買日（買進日）後 3 日內會寄發開會通知書，普通股（千股）的部分，一拿到開會通知書就可以前往該公司指定的券商股務或公司自辦股務現場領取股東會紀念品。

6/8 當天股東會現場也可以領取，這是當股務缺貨（紀念品）情況下或是你想參加現場股東會開會，那麼就可以安排這天領取。

如果上面兩個時程你都錯過了，那麼還有最後一次領取的時間，也就是股東會開會日後第 4～6 日可以領取，依本例來說就是 6/11～

6/13 可以憑電子投票規定領取，紙本開會通知書就已經無效了。

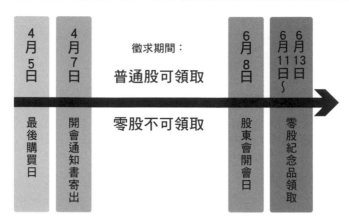

股東會紀念品領取時程一覽表
資料來源：琨琳狂想零股研究中心

　　零股則 98%都是在股東會開會日後，依照開會通知單內說明，由該公司指定的券商股務或公司自辦股務現場領取紀念品。就本案例來說，6/11～6/13 才是 98%上市櫃公司的指定領取時間。

　　再次強調，徵求期間，零股股東千萬不要拿著開會通知書到處詢問是否可以領紀念品，徒然給人添亂，你必須先完成電子投票（行使表決權），再於股東會開會日後第 4～6 天，才可以領取紀念品。

　　領取股東會紀念品真的是相當專業的一件是，絕對不是那麼簡單，所以請你一定要有耐心、邏輯的吸收這一切重要資訊。相關規定還是要仔細看清楚開會通知書上的說明，這樣你才可以萬無一失的領到每家上市櫃公司為你準備的股東會紀念品。

▍領取紀念品的關鍵／開會通知書

　　接下來，我將整理幾份券商寄出的開會通知書樣張給你參考，請特別注意他們在「紀念品領取須知」那部分的說明，比較特別的下列幾點，請務必要謹記：

一、紀念品不足時，得以等值商品替代；

二、持股未滿 1000 股的股東不予發放；惟親自出席或以電子方式

行使表決權者除外；

三、紀念品恕不郵寄，逾期亦不再發放。

友訊／元大證券股代（通知書，正面）

友訊／領取紀念品須知

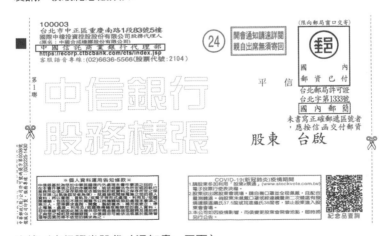

中橡／中信證券股代（通知書，正面）

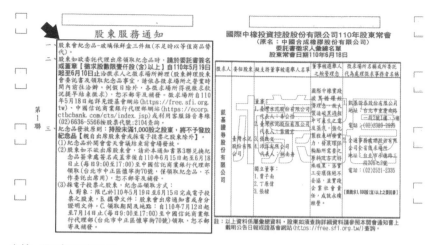

中橡／股東服務通知

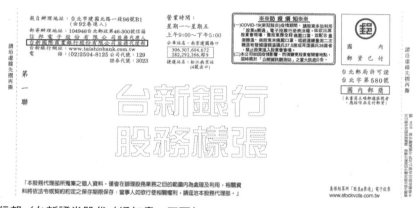

信邦／台新證券股代（通知書，正面）

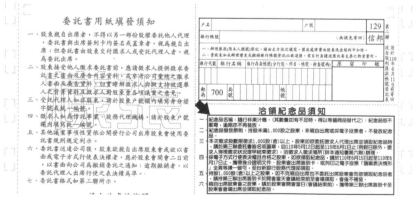

信邦／洽領紀念品須知

6-4 領取紀念品注意事項特別補充

憑開會通知書領取

千股、零股兩種股東的股權不同，領取紀念品時間落點也不同，以 6/8 股東會為例：

項目	徵求期間	股東會開會日	股務領取日（電子投票）
千股	4/7～6/8	6/8	6/11～6/13
千股領取紀念品時點分布圖	82%～91%	16%～8%	2%～1%
※依每家公司股權比例結構不同而有所差異。			
零股	無提供	6/8	6/11～6/13
零股領取紀念品時點分布圖	0%	2～5%	95～98%

當公司開始求千股股票時，你可採取徵求期間模式領取股東會紀念品。沒錯，就是一張紙本開會通知書就可以領紀念品！

需注意的是，徵求期間可能因為徵求人的比例達標，或上市櫃公司徵求股數達 51%以上時，就會隨時停止徵求作業，停止徵求就無法兌換股東會紀念品，你就只剩下親自出席股東會、委託他人出席股東會、電子投票這三種方式可以領取股東會紀念品了。

電子投票領取

台灣終將走向全面電子投票時代，不論你是千股還是零股，透過下面兩個電子投票方式，你就不會遺漏屬於你的股東會紀念品了！

電子投票雖然有兩種方式，建議你可以分工作業：用手機 App 投票，速度快，再用電腦列印投票結果，這樣兩路並進的打通關效率最高。

提醒你幾個需要注意的因素：

1、**台灣集保公司提供投票的時間為上午 07:00 至 24:00，其他時**

間無法投票。

2、台灣集保公司因應上市櫃公司股東會開會時間，會陸續將投票議決內容登載在股東會電子投票平台上。由於很多公司股東會開會時間是一樣的，所以實際上常常會 1 日跳出上百家的公司需要你完成電子投票。千萬別著急，由於電子投票的時間約 30 天（股東會開會日往前數 30 天），所以每天有計畫的投票幾十家公司，應該不至於發生忙不過來的情況。

3、除了投票，你還要留意部分上市櫃公司一定要提交列印出來的電子投票議決書的完整頁面，才能領取股東會紀念品。

下面開始為大家介紹電子投票的操作流程，由於頁面（介面）繁多，所以我只挑選幾個來介紹，其餘的，就請你在手機或電腦上照我教你的流程去操作，多花些功夫，不怕鐵杵不磨成針：

1、台灣集保公司子電子投票 APP 或點開券商 APP 內【電子投票】這個功能鍵，不論那個介面都會自動跳到開始投票。

【台灣集保 e 手掌握→電子投票】→登入作業程序

台灣集保 e 手掌握

台灣集保 e 手掌握

（1）登入作業程序→確認你的身份→我同意

股東會電子投票平台

（2）投票作業程序→選擇未投票→再按投票→全部棄權→下一步
→確認投票結果

投票作業

（3）列印作業程序→查詢→即可看見議案表決情形

列印議案表決頁面

2、台灣集保公司 web 網路投票頁面：
https://www.stockvote.com.tw/evote/login/shareholder.html

　　由於市場上目前沒有全新手的網頁投票流程，特別是當你使用的是 IE 瀏覽器時，可能會面對比較多的問題；所以，我也整理了參與首次投票需要的工具畫面。

　　由於券商開發系統及「電腦版憑證」因素，所以你有可能會碰到只能使用 IE 瀏覽器操作的情況，而這個微軟瀏覽器在安全性上做了很多規格設定，我會一次解決這些問題，並提供完整畫面給你，痛苦就那麼一次，以後就不會了。

台灣集保網路登入頁面

選擇你要使用的「電腦版憑證」，請盡量使用券商憑證→

確認你的電腦憑證是否有效→

啟動 IE 瀏覽器的保護機制→

請看右上角的大齒輪，並點開網際網路選項→

再移動至安全性→

將台灣集保網站加入信任的網站→

確定「新增」後會回到上一張圖「安全性」，然後再按下「確

認」，重開瀏覽器→再次登入台灣集保網站→此刻會重新驗證你的「電腦版憑證」，如果你只有一家會很單純；像我有多家券商，就一定要挑對正確的電腦版憑證，不然還是會一直鬼打牆。

單一張電腦版憑證單純，多張要留意選擇正確→

看到這個畫面就是確定你的操作都是正確的

以上為首次登入者需要進行的網路設定項目。以下，就來完成電子投票的作業程序：

（1）登入作業程序→輸入身分證字號→選擇電腦版憑證種類登入→驗證中→我同意

台灣集保登入頁面，輸入你的身分證字號

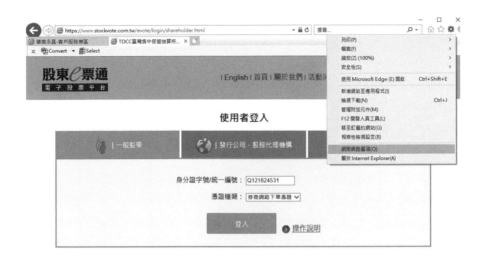

電腦版憑證種類登入，就是挑下單券商，任何一家券商憑證都可以使用，沒有限制。

通過驗證，選擇我同意

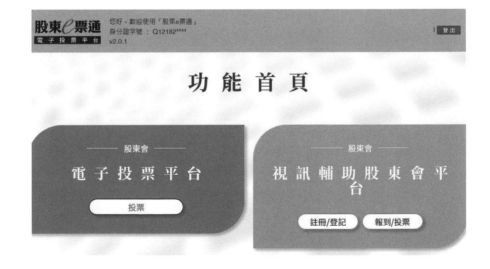

選擇電子投票平台→投票

股東e票通 電子投票平台 您好，歡迎使用「股東e票通」 身分證字號：Q12182**** v2.0.1 | 回功能首頁 | 投票作業 | 操作紀錄 | 操作說明 | 活動消息 | Q&A | 登出

2889	國票金	110/12/02	110/11/17~110/11/29	已投票	-----	查詢	-----
4991	環宇-KY	110/12/10	110/11/25~110/12/07	已投票	-----	查詢	-----
1218	泰山	110/12/16	110/12/01~110/12/13	已投票	-----	查詢	-----
2457	飛宏	110/12/16	110/12/01~110/12/13	已投票	-----	查詢	-----
1507	永大	110/12/28	110/12/12~110/12/25	已投票	-----	查詢	-----
2358	廷鑫	110/12/29	110/12/14~110/12/26	已投票	-----	查詢	-----
3522	御頂	110/12/29	110/12/14~110/12/26	已投票	-----	查詢	-----
1445	大宇	111/02/18	111/01/29~111/02/15	已投票	修改	查詢	撤銷

共計11筆 頁次：1/1

下載持有股東會清單

註：「證券代號/公司簡稱」欄位輸入說明
　　1.證券代號：請輸入半形文字
　　2.公司簡稱：請輸入半形或全形文字

　　這是額外的「下載持有股票清單」功能，跟投票沒直接關係，但可以下載此清單，用來作為你「上市櫃公司評鑑系統」的基礎

股東e票通 電子投票平台 您好，歡迎使用「股東e票通」 身分證字號：Q12182**** v2.0.1 | 回功能首頁 | 投票作業 | 操作紀錄 | 操作說明 | 活動消息 | Q&A | 登出

證券代號/公司簡稱
[　　　　　　] ➔ 查詢

※排序方式
➔ 已投票　➔ 未投票　➔ 已截止投票

證券代號	公司簡稱	會議日期	投票起迄日	投票狀況	作業項目		
1445	大宇	111/02/18	111/01/29~111/02/15	未投票	投票	查詢	-----
4735	豪展	110/11/12	110/10/28~110/11/09	已投票	-----	查詢	-----
1507	永大	110/11/16	110/10/29~110/11/13	已投票	-----	查詢	-----

準備開始投票，最簡單就是看見「未投票」立刻開始投票

右下方出現三個選單：全部勾選、平均分配、全部棄權→下一步

勾選後→下一步→

議案可能很多→下一步

再下一步→

還有→下一步

確認投票結果→還沒完成投票

系統回覆訊息

作業項目	一般股東單筆線上投票
處理結果	投票已完成！
回應代碼	0001

確認

按下確認投票結果→看見這個畫面才是真正投票完成

（3）列印作業程序→查詢→即可看見議案表決情形

每個已投票後的公司都會出現在清單裡→按下查詢

出現了轉檔資訊→但要去領股東紀念品，並非只有投票即可，還要印出來才行！

完成了，這張就是領取股東會紀念品的門票！

預告領取準備資料及證件不同：

1、普通股當中的千股一般除領取時需要特別留意時間外，還有一個重要的事要提醒你，因為可領取時間及方式比較多樣性，所以因應不同的領取時間，你要準備的資料也會不一樣，**我從簡單到複雜的先說明，股東開會通知書→身分證正本→第二證件→印出電子投票議決書。**

2、零股一樣也是同樣的文件，股東開會通知書→身分證正本→第二證件→印出電子投票議決書。差異之處，零股多為文件配備是疊加上去的概念，不像千股單純的準備資料即可。

預告：先掌握領取地點的不同

1、千股可以到徵求點領取股東會紀念品，領取地點可以見開會通知書背面。

2、零股一定要先透過台灣集保公司的電子投票系統並完成投票後，才能領取。

Part 7
萬事俱備，金色山脈我來了

　　不頭暈，領取紀念品的規則都理清楚了吧！越接近實戰的執行，便表示這一步之遙的成功離你越來越近了。天上聖母經內有段經典：聖母經，勤讀之，口而誦，心而維，始終一，志末移，聖仙佛，任君為。完讀本章，金色三脈內的紀念品就通通到手了！

7-1 弄清楚到哪個地點領取股東會紀念品

　　在這節當中，你一定要弄清楚到哪個地點領取股東會紀念品？

　　為大家介紹這四個地點：

　　1、憑開會通知書在股東會開會現場領取；

　　2、在委託徵求人處領取；

　　3、在徵求券商股務辦事處領取；

　　4、在自辦股務公司現場領取。

　　確認好才不會白跑喔！

1、憑開會通知書在股東會開會現場領取：

　　千股的股東可以依照通知書上的時間到開會現場領取股東會紀念品，這邊特別提醒大家，一定要在開會約定的時間前抵達開會現場（建議要提早 10 分鐘前到），因為很多股東會開會的時間很短，一旦你遲到 10 分鐘就有可能錯過參加股東會及領取紀念品的機會。

　　開會現場一般來說會有兩個通道，一是直接領取股東會紀念品，另一個是簽名後進入開會現場；除外你還要留意需要攜帶的證明文

件。再強調一下記憶，零股憑開會通知書現場可領的家數約 2～5%，你可以回看 6-5 節整理的分布圖。

2、委託徵求人處領取：

現在來看看千股專屬的第二現場，前面章節中有提醒大家徵求期間可以直接憑開會通知書領取股東會紀念品，可參考第 4-2 節有詳細說明。這個方式最大的方便性是不需要參加股東會，並且可以在股東會開會前就領到當年度的股東會紀念品；特別要留意的是，徵求期間可能會因為徵求人或該公司收足所需的股權後就停止服務。可以領取的地點可是相當多呢，這是千股遇到徵求享有的特權；至於零股呢？不到 1%的比例可以透過徵求人提供的場所領取，這個要分清楚喔！

全台目前合法的徵求公司共三家：

一、全通事務處理（股）公司，是最大的徵求公司；

二、長龍會議顧問（股）公司，是最資深的徵求公司；

三、聯洲企管顧問（股）公司，是最年輕的徵求公司。

3、徵求券商股務辦事處領取：

這是紀念品大本營券商股務辦事處，為你介紹的是千股、零股都可以領取的全台各大券商相關資訊，這邊我來整理一套全台券商地址、聯絡方式、營運時間表給你，方便你可以透過這個地點領取股東會紀念品。這張通訊錄帶在身邊，讓你在股東會期間可以輕鬆達陣。補充一下，這張券商通訊錄約可完成 95%～98%紀念品領取程序，見6-5 節分布圖。

全台券商股務辦事處通訊錄		
券商	連絡電話	地址
中國信託商業銀行股代	02-66365566	台北市重慶南路 1 段 83 號 5 樓
元大證券股代	02-25865859	台北市大同區承德路三段 210 號 B1
元富證券股代	02-27686668	台北市松山區光復北路 11 巷 35 號 B1
日盛證券股代	02 -25419977	台北市中山區南京東路二段 85 號 7 樓
台新銀行股代	02-25048125	台北市建國北路 1 段 96 號 B1
永豐金證券股代	02-23816288	台北市中正區博愛路 17 號 3 樓
兆豐證券股代	02-33930898	台北市中正區忠孝東路 2 段 95 號
宏遠證券	02-77198899	台北市大安區信義路 4 段 236 號 3 樓
亞東證券股代	02-23618608	台北市中正區重慶南路 1 段 86 號 4 樓
國票綜合證券股代	02-25933888	台北市松山區南京東路五段 188 號 15F
康和證券股代	02-87871888	台北市信義區基隆路 1 段 176 號 B1
第一金證券股代	02-55819877	台北市大安區安和路一段 27 號 6 樓.
統一綜合證券股代	02-27463797	台北市松山區東興路 8 號 B1
凱基證券股代	02-23892999	台北市重慶南路 1 段 2 號 5 樓
富邦綜合證券股代	02-23611300	台北市中正區許昌街 17 號 2 樓
華南永昌證券股代	02-27186425	台北市松山區民生東路 4 段 54 號 4 樓
新光證券	02-23118181	台北市中正區重慶南路一段 66-1 號 11F
群益金鼎證券股代	02-27023999	台北市大安區敦化南路 2 段 97 號 B2
福邦證券	02-23711658	台北市中正區忠孝西路 1 段 6 號 7 樓

▎ 4、自辦股務公司現場領取：

　　這個第 4 現場可就厲害了，也是你可以造訪每家上市櫃公司的入場券，憑藉著股東的身份，你可以參觀不少上市櫃公司。投資零股不單單是要領股東會紀念品，魔鬼藏在細節；假設你是小股東時，你可

以更清晰的看見公司員工對待股東的過程，同時你還可以看看公司的整體規劃，廠房乾不乾淨、員工同不同心、甚至現場的營運狀況等通通看得見；總之，機不可失！有機會去看看你投資的公司是真的很不錯呦！

公司股務自辦，一般來說是集團很大，所以自己辦；要不就很小，為省錢自己辦，最特別的是刻意讓股東來參觀，這樣的公司通常是行銷高手的上市櫃公司，但是不多，一年約有 30～40 家左右。

曾經有過自辦股務的公司資訊，整理在下方給你參考：

自辦股務的上市櫃公司通訊錄		
大同	02-25925252	台北市中山區中山北路 3 段 22 號
大西洋	02-29820061	新北市三重區重陽路 3 段 99 號 10 樓
中石化	02-89782589	台北市松山區東興路 12 號 3 樓
中國人纖	02-23937111	台北市中正區新生南路 1 段 50 號 11 樓
太平洋建設	02-27717953	台北市大安區忠孝東路 4 段 285 號 6 樓
台塑石化	02-27122211	台北市松山區敦化北路 201 號
台灣肥料	02-25422231	台北市中山區南京東路 2 段 88 號 6 樓
台灣玻璃	02-27130333	台北市松山區南京東路 3 段 261 號 8 樓
台灣聚合	02-26503773	台北市內湖區內湖路 1 段 120 巷 17 號 6 樓
正隆、山隆	02-22225131	新北市板橋區民生路一段一號
永大機電	02-27172217	台北市松山區復興北路 99 號 11 樓
玉山金控	02-27191313	台北市松山區民生東路 3 段 115 號 1 樓
光寶科技	02-87982888	台北市內湖區瑞光路 392 號 1 樓
宏碁	02-27195000	台北市松山區復興北路 369 號 7 樓之 5
和桐化學	02-89769289	新北市五股區中興路 1 段 6 號 8 樓
和益化工	02-25071234	台北市南京東路二段 206 號 13 樓-5
旺宏電子	02-25638128	台北市中山區松江路 162 之 1 號 2 樓

自辦股務的上市櫃公司通訊錄		
股務聯辦處	02-27905885	台北市內湖區行善路 398 號 8 樓
長榮航空	02-25002343	台北市中山區民生東路 2 段 166 號 2 樓
春源鋼鐵	02-25018111	台北市復興北路 502 號 7 樓
高林實業	02-27125311	台北市敦化北路 201 號前棟 6 樓
高興昌鋼鐵	02-25536052	台北市大同區涼州街 62 號
國泰金控	02-27087698	台北市大安區仁愛路 4 段 296 號 16 樓
國泰建設	02-23779968	台北市大安區敦化南路二段 218 號 2 樓
國賓大飯店	02-21002100	台北市中山北路二段 63 號
第一商銀	02-23481139	台北市中正區重慶南路一段 30 號
華上光電	02-26587718	台北市內湖區瑞湖街 58 號 12 樓
華榮電線電纜	02-27717611	台北市南京東路三段 210 號 11 樓
萬華企業	02-23813739	台北市中華路 1 段 41 號 11 樓
裕隆汽車	02-25156424	台北市中山區南京東路 2 段 150 號 7 樓
潤泰創新國際	02-81617999	台北市中山區八德路 2 段 308 號 12 樓
緯創資通	02-66007998	台北市內湖區行善路 158 號
燁興企業	02-23957600	台北市北平東路 30 號 15 樓
燿華電子	02-27051333	台北市敦化南路二段 98 號 12 樓
士林電機	02-28342662	士林區中山北路 6 段 88 號 16 樓

當你參觀完 4 大領取股東會紀念品的現場後，老師整理的 1.股東會現場、2.徵求人徵求地點一覽表、3.全台券商通訊錄、4.上市櫃公司自辦通訊錄，這些自己也要定期更新喔！

總結，你還是要學會看開會通知書，這樣你才不會跑錯現場！在 1-4 節說過如何申請永久補單，當然如果你基於環保立場不想要收到那麼多的開會通知書時，別擔心，請再複習一下 6-1 小節，你可以看完全台灣的上市櫃公司資訊：https://mops.twse.com.tw/mops/web/

最後又來提醒了，你還是要回頭看一下你是千股還是零股的股東身份，以免因股東的身份差異跑錯領取地點；當然還有一個很重要的條件是領取的時間，這件事你也不能忘記。我會一直重複的提醒你，是為了幫助你找到一個完整的邏輯並建立出一套屬於你自己的領取系統。每個人都會因為持有的股數、上市櫃公司家數不同，領取的方式與規劃就會不一樣，所以這本工具書你一定要隨時翻閱，這樣你就一定可以成為領取股東會紀念品的達人，成為專家也絕不是難事！

說完可以領取股東會紀念品的地點後，下一小節是我們領取股東會紀念品的高潮，你一定要攜帶正確的資料、證明文件才可以領取股東會紀念品！在下一小節當中會介紹超多的領取方式，最後會有一個無敵版本的領取方式提供給讀者參考運用，我一定會讓你成為天下無敵的紀念品達人！

7-2 攜帶什麼資料、文件才可以領取股東會紀念品？

無敵版的股東會紀念品資料該怎麼準備？

為了讓你快速成為股東會紀念品領取達人，所以直接跟你說個無敵版的資料準備方式。前提，你還是先認識一下基本資料有哪些！

1、股東會開會通知書，這個你應該很熟悉了，就不再贅述。

2、身分證件正本，這個應該也沒問題，未成年人（通常指的是未取得身分證正本前的小朋友）可以用戶口名簿、戶籍謄本取代之。

3、第二證件，目前以健保卡居多，駕照居次；補充健保卡沒照片時，最好還有戶口名簿或戶籍謄本。另外還有比較特殊的族群，因為無法在台灣取得身分證，所以要持雙二證件，如：居留證、護照作為領取的證明文件。

4、電子投票議決書部分，電腦版的議決書無敵，手機畫面截圖有些股務公司不接受。

5、一套身分證+第二證件的影本，也就是辨識身分的證件類部分建議都要有一套影本才行。

零零種種多說了很多，你千萬不要嚇到！上面這是無敵版的準備資料，並不是代表一定要準備那麼多，先準備一套就行了。

至於發放標準，通常不出下列兩種方式：

1、均發：佛系上市櫃公司多採此種方式，基本上不限股數多寡，全面性發放股東會紀念品。

2、限定領取：區別千股、零股股東，並設有各式各樣兼具挑戰性的領取規則，譬如領取時間、地點、須備證件種類等，多方面給予差別對待，難脫有為零股設下高門檻之嫌。

雖然說，領取上市櫃公司股東會紀念品的方式千奇百怪，但你真的免驚，請先靜下心來回翻這本工具書，你一定可以成為頂尖專家，沒有公司可以考倒你，讀完這本書，與其說紀念品要怎麼領，不如說是你要不要去領而已！

相信看完這麼多眼花撩亂的領取方式跟規則，你可能很困擾或是自己也沒有時間去領取股東會紀念品，那該怎麼辦呢？沒問題，我為大家整理了市場上的多樣服務方案及活動，你可以從中找出自己合適的方案參加，避免錯失股東會紀念品帶來的效益及報酬。

7-3 自己沒空，可以怎麼領取股東會紀念品？

沒空，天呀！這麼複雜喔！沒問題，我幫你分析下列這三種方式的優缺點，最後再由你決定怎麼領取股東會紀念品。

在我開始說明是否要自己領取股東會紀念品前，先幫大家分類一下這兩個類別：1.禮券、2.商品，請你回顧一下在 5-2 節裡的分類，我僅對這兩項類別做出領取分析，相信你更能夠規劃出合適自己的投資方式。

禮券：這個類別的領取是最輕鬆的，也不會佔用到你太多的場地

空間，換言之，一個小盒子就可以領完你該年度的股東會戰利品。除外，你也有可能因為忙不過來請人代領，而代領禮券應該是成本支出最低的了，所以這是很不錯的投資標的物。你要勤做功課，認真動態整理該年度會發放禮券的上市櫃公司，這是股東會期間幾乎每天要整理的工作，當然也有付費懶人包是可以每天自動幫你整理好的！

你可以前往 hi-stock 訂閱 https://histock.tw/stock/gift.aspx

商品：這個類別的股東會紀念品的領取就很挑戰了，面對準備要領取的股東會戰利品多樣性，再加上上市櫃公司有時候在開會通知書上並未載明，注意是「未載明」，而不是記載不清楚而已！這個比例不會很高，所以也不用特別擔心。這會是個挑戰，包括領取日期、時間、地點、物品體積大小都須事先了解清楚，因為開會通知書上僅會用文字說明，而不會公告商品體積的大小，若你要自己領紀念品當中的商品類，要認真好好考量一下才行。

總結，研究一下你喜歡、想要的股東會戰利品，同時可以回顧 6-1 節買入的時間點後再考慮清楚，當年度應該購入的公司有哪些。另外，也可以買了不去領，那也是一個選項，畢竟紀念品只是投資環節當中的一小部分，擁有上市櫃公司股票所帶來的投資獲利機會才是最重要的。

▎自己領取紀念品，先做好規劃

理解兩個類別紀念品後，是否要親自領取，相信你應該可以很清楚的研判。在自己領取的要件中，我要加上兩個重要參考指標：「數量」、「交通」，讓你更活用你的聰明大腦；換言之，既然要規劃就要全面性規劃，真是為了牛刀小試體驗一下股東會的活動，那麼建議先試試幾家好玩就可以了；如果希望從中獲得還不錯的報酬，那麼你可以在下一章節中先了解看看我分享的幾個重點方向，再全面評估應該有的投資規劃及投資規模。不用擔心，凡事有解、凡陣必有破；堅持下去，曙光必現！

插播一則我的小故事：早期我開始投資時也是小小的進場，當時

我邀請了我的家人一起參與這項投資活動，剛開始是真的很好玩！當然對所有參與活動的家人來說是件很開心的事，因為成果是減輕家族成員的日常用品費用支出，而且還有些禮券挺不賴的！也因為有趣，所以將這個投資方式寫成了 PPT 放在網路上，沒想到引起許多人的共鳴、媒體的採訪，紛紛來電或來信希望我可以幫忙處理，所以才會有了零股揪團的活動。

不過這個我先跳過，還是先幫你解決你心中的疑惑？也就是，自己領看來好像不是件簡單的事！不會不會，你可以參考下面我要為大家介紹的，委託他人代為領取的方式，相信這個方式也是不錯的選擇。

委託他人領取，成本費要仔細推敲

代領市場的收費機制相當多樣，我在拙作《零股獲利術》中已經整理過，這邊就不再贅述。這裡我只做個提醒，各行各業都有其辛勞之處，在你看完這麼多的資訊後，相信你應該更了解代領股東會紀念品是件很專業的事；天下沒有白吃的午餐，若覺得這項選擇是好的，就好好認真挑一個代領業者幫你領取紀念品；覺得服務不佳就換一家或換一位就好，千萬不要為了一點小小紀念品與代領業者起不必要的衝突。千萬不要忘了，你是為了金色山脈礦場而來，更大的獲利收益需要的是更大的格局孕育；浪費在錯誤的事情上就是耽誤了你應該提早財富自由的時間。

參加《股東會 DIY 活動》，以物易物、惜福愛物

這個活動方案是我設計的，也因為開始這個活動，所以我認識了許多許多的粉絲、好友。

《股東會 DIY 活動》以物易物、惜福愛物的規劃內容是：透過放棄（出讓）你不需要的股東會紀念品去獲得 BeeCoin 點數，以之兌換你需要的商品，惜福愛物，環保愛地球，將對的商品交給對的人，這整個理念就是「以物易物、惜福愛物」。

我希望可以為社畜朋友打造一個「一本萬利新型態商業模式」，所以整個活動將分為短、中、長期的規劃。

　　短期規劃上，我希望可以做到參與活動的粉絲免除家庭的日常用品支出；換言之，你的家庭日用品支出，在參加活動後盡可能是完全零支出。憑藉著你「捨」的過程，獲得充分的 BeeCoin 點數，再去換取你一年度的家庭日用品支出，於此過程中可能會體驗到一件很特別的事，你不需要再花費時間去消費、逛街，消耗了你重要的學習時間，這個過程你會賺到：1.時間；2.極低的日用品費用支出。

　　PS：目前我們已經完成這個計劃了！

　　中期規劃上，發展一個新型態的商業模式，只要你是活動的參與者，我不僅要用最低的成本協助你打造出一個專屬於你自己的電子商務平台，同時我們更將共享、共榮、共利的一起享有這個平台為你帶來的收益。這個計劃正在改造、升級中，也許就是今年會再向大家宣布這個好消息。

　　BeeCoin 點數目前的規劃有兩種，白金 BeeCoin 兌換所有股東會紀念品使用；黃金 BeeCoin 則進行跨平台兌換超商、其他第三方電子商務平台點數，包括 Line、PChome、Yahoo、Shopee 等，將會是我們長期規劃的開發策略聯盟的目標。

　　當然，這個過程是需要時間的，千萬不要認為短期內就可以完成這樣的計劃！在某個層面來說，我們是「價值型成長平台」，當中包含了「特斯拉改變世界」的思維！

　　參與活動的詳細內容說明，請前往 YouTube 訂閱【琨琳狂想大股力】，記得開啟小鈴鐺，訊息不漏接！https://www.youtube.com/channel/UCumSCrqL92M6MfAtoKP7leA

　　PS.很多人好奇問我怎麼完成這麼多人的電子投票？答案是，我有自動化投票系統可以解決這個問題！當然還有一個前提必須要說明，一定要你同意並 DIY 授權後才能使用這項服務，同時也才可以協助你完成這項作業。另外很幸運的一件事，由於我的另一家公司是網路廣

告服務公司，因此才能有這樣的資源可以跟大家一起分享！不過，請你千萬別誤會，這些背後都有著驚人的成本支出，所以只能提供給擁有宏大遠觀及珍惜資源的人使用。

Part 8
靈活運用你的股東會紀念品

　　由於我是一個東方人且有宗教上的信仰，所以本章我想告訴你的事有兩個方向，獲利是每個人都想要且需要的事，在你進行每項投資的過程中，請記得要用感恩的心答謝每個曾經幫助過你的人、事、物。因此，我會特別善意想提醒你，變現股東會紀念品這是一件有趣但不簡單的事，有關這方面的銷售方式，在拙作《零股獲利術》內有完整介紹，本章就不再贅述。但若你是用更棒的出發點來看待這件事，誠如我說的，不論你是透過股東會來了解上市櫃公司並於認同後參與該公司計畫，亦或是真的能做的投資僅限於紀念品，懷抱一顆良善的心，其實運用股東會紀念品種下福田，同樣也能幫助你在財富自由這條路上更加順遂，會過得更豐足。

8-1 股東會紀念品可以變現，但要考慮的事不少

　　對一位新手來說，取得人生當中第一件股東會紀念品肯定是很開心愉快又新鮮的事，至少多年前的我是這樣的感覺。經過這麼多年後我有些心得及經驗，在此要分享給新手了解，特別是想要經營股東會紀念品銷售這件事，整體的維運成本是相當驚人的，下面我分為兩個主軸幫你順一順邏輯，或許你可以更清楚理解，最終的投資報酬率是否有符合你的預期。另外，我更希望當你換個更棒的思維時，你的人生也將可以提升至另外一個層次。

┃ 掌握公司重要資訊即已相當划算

　　買進上市櫃公司股票，在你的人生當中或許只要一小桶金，約莫新台幣三萬元，就可以像我一樣擁有近 700 家上市櫃公司的股東身

分，並可以掌握許多優質的公司營運資料。其實，可以擁有需要的資料同時又可掌握重要資訊，甚至出席股東會，這項投資已經就相當划算了。至於操作上應注意事項，可分為下列五點：

1、你可以透過我整理的各種管道或各項連結掌握最完整的資訊，在有工具的協助下應該都算是不複雜的工作。

2、掌握好每家公司的下單作業時間點，基本上若是像我這樣持有數百家上市櫃公司的零股，一次下單大約需要 1.5 小時，最重要的是，沒買到的公司該如何比對出來，這也會花費不少心力，至少你會需要重複不少天這樣的交易作業。雖說一次買足後可以運用的非常久，日後也只需要補買一些增、減資的公司，畢竟也是需要花時間管理的。

3、不論是手機投票或是電腦投票，這兩項裝置的操作你一定要熟悉，且需要在股東會開會前完成此作業。

4、掌握清楚紀念品領取規則及必備的領取文件，這是相當重要的；換言之，一定要有閱讀完整開會通知書的耐心，並依時間序做出領取紀念品的行程規劃。

5、做好全省領取紀念品的實務規劃，不論是自己領或是透過代領；市場上也有互助合作的方式，這些都要事先計畫好才行，而這個作業整體面必要的支出成本也是你要考慮的因素之一，包括代領將紀念品運回的成本一併考量。

以上的部分，都可以算是前置作業！

紀念品的管理及銷售是一大工程

一個人與一個家族所需要的紀念品倉庫要動態調整，這個問題當你是一個人時應該不會有太大的問題，一旦是標準家庭 4 人或以上時可就不一樣了。同時，銷售通路及後續的管理也將是挑戰；因此，我們一起來評估一下這個階段面臨到的問題有哪些：

1、不論是透過代領或自己領回的紀念品通通要進你家或是倉庫，

這個空間說實話真的不算小；特別是你並無法掌握每年上市櫃公司會發放的紀念品體積大小；所以，為了方便你的管理及後續銷售，當然空間是越大越好。

2、有關倉庫分類部分，我建議依照商品有效日期最先考量。進階則可分類為日用品類、電子商品類，單純這兩類就可以了，要更深度就看你取回的數量多寡分類了；基本上，以不額外再支出場地成本為優先考量。碩大便是美，但在這個特別的 M 型市場裡，唯有大到驚人的大 M 且形成經濟規模後才能感受到那句話。目前的我其實也還感受不到，相信是還沒達到經濟規模的原因；**所以，你一定要量力而為，不要超過你的負擔，以免形成壓力。**

3、銷售部分由於途徑較多，所以我的說明就儘可能簡化些，方便建立你的邏輯即可，流程包括①拍照修圖→②上架作業→③客服服務→④倉庫理貨→⑤物流宅配→⑥退換貨品，這條銷售及服務過程細節蠻多，你可以一步步仔細體會後才能完整感受；同時這也是我目前舉辦活動裡所面臨的困境，況且現況提供的服務皆屬於免費兌換活動，此時你應該可以體會，我面對的現況將是一場艱辛且不易的任務。不過，我當然理解這些過程及問題該如何一一克服！簡單來說，當你有了更清晰的藍圖及規劃時，這些問題終會在你的堅持下走出一條適合你的康莊大道。

透過《股東會 DIY 活動》
以物易物、惜福愛物

參加我所舉辦的活動擁有基本生活及三個機會：

1、你可以透過**《股東會 DIY 活動》**以物易物、惜福愛物，以此獲得最基本的日常用品支出減免；如果你想發展的更深度一點，那麼也因為這個活動你可以發展甚或經營上述的每一項銷售通路，你想怎麼挑選商品，都可以憑藉著你獲得的 BeeCoin 點數來免費兌換，也就是你可以換得一個批發商身份，因為你可以取得大量的商品來源，所以「機會」是可以靠你的思維轉換而成就你的商業模式。

由於每一個人都只能取得上市櫃公司一件股東會的紀念品，如果你的家族有 20 人，那也就不算少了，你要管理的事物也就非常多了。在我的粉絲當中就有相當成功的例子，透過這個活動你可以循環不斷的取得各式各樣的合宜銷售商品；在你用心的經營之下，相信可以很快的成為一個相當成功的股東會紀念品銷售達人，因為你多了別人沒有的、我稱之為「機會」的東西，但你一定要懂得善用這麼好的第一個機會。

　　2、在我們活動的中期升級過程中，我們也將提供一整套輕鬆又富有意義的全新商業模式，前面 7-3 節已經提過了，這也將是你可以獲得的第二個機會。敬請各位讀者持續關注我們的最新動態，相信你一定會感到意外，原來一筆這麼小的零股投資，最後竟然會創新出一個有別於市場上個別平台不同的社群金融服務，因為還在改造升級中，所以請讓我誠摯的再次邀請你關注這場改造與成長過程，最終你一定會「大吃一驚」，天呀！沒想到一個《股東會 DIY 活動》以物易物、惜福愛物的活動，竟然可以改變你對零股投資的最終評論，歡迎你在臉書搜尋：琨琳狂想零股研究中心，按讚追蹤我們最新的進度報告。

　　3、第三個機會就如同虛擬貨幣的規劃，可以回頭看 7-3 小節計畫簡述，虛實整合及創建，一旦完成，那麼一定要特別向你致上最大祝福，你已經在股東會外還找到了另一個「價值成長投資平台」。

　　這個活動由於仍在持續進行中又是老師主辦的活動，所以我也就不評星等了，因為這樣有失客觀，如果真的要評，那麼通通都會是七顆星，對的！時間會證明我所說過的。備註一下，琨琳老師是水瓶座，也就是星座裡常說的外星人，換言之對未來的發展藍圖我是很清晰的，所以邁向群體的成功是必然的，只是需要時間來驗證這個結果。

琨林狂想研究中心《股東會 DIY 活動》
以物易物、惜福愛物網頁
https://www.beestock.com.tw/

8-2 股東會紀念品可以用來做公益

　　收益，固然是投資過程當中很重要的一環，更是在實現財富自由過程中很重要的支撐工具。講到這邊，你應該已經是零股專家、紀念品銷售達人了。零零總總說了很多，如果用所謂的投資方式來說，我必須要這麼說，透過零股投資獲得股東會紀念品，接著再經過完整必要的執行步驟，最終產生的稱之為「盈餘」；只是這個盈餘到底是什麼呢？現金、經驗、還是減免家庭生活支出？我個人倒覺得「快樂」會是相當重要的另一個要件。所以我要來談談，最終收益絕對是一件很重要的事，但是我將零股帶來的股東會紀念品**轉換為公益**這件事是讓我可以持續加碼投入的原因。在此之前，先分享一段生活上大家常聊的話題！

　　相信你一定聽過古人云：**一命二運三風水，四積陰德五讀書，六名七相八敬神，九交貴人十養生！**，你用實際行動支持了我持續性的寫作，所以我是十分開心的；開心的是可以跟你分享很多透過零股投

資取得紀念品的每一個細節。而這本書經由你深刻完整的研讀，相信你絕對已經是多身分的投資專家了。

這本書對應在我們聊的古人云話題，**一命二運三風水，我個人認為不一定憑一己之力就能決定或改變；但是四積陰德五讀書，我的看法則是-你可能因為有著寬闊的心地，所以在前七個選項中你應該可以多獲得了二個選項以上，如果能到五個甚或更多選項絕對會是更好的。**

▎多做公益，好運自然來

公益，是在我多年從事股東會紀念品的活動當中不可或缺的一環，相信讀者一定很好奇我為何這樣沒頭沒尾的說法吧！其實應該這樣說：當你在執行一場公益事務後，緊接著從事金融商品投資，通常會有一種深刻體驗：好心情通常會帶來好運氣。所以我才會這麼說，公益活動是從事股東會紀念品蒐羅活動當中很重要的一環，相信體驗過的讀者們就能理解我所說的涵義。

做好公益其實就是積陰德，這個說法你應該可以同意！那麼做公益最直接的反饋是什麼呢？快樂！

看著你幫助過的各式各樣團體機構，他們反饋給你的喜樂是你用再多的金錢都不一定買得到的！

在說這個故事前，我要特別感謝這麼多年來支持這個計劃的所有團友們，因為有著你們默默的付出，所以有很多團體機構都有接受到各位無私的贊助計劃！所以我也堅信，各位無私的活動參與者同時會藉此收到很多慈善團體為每位團友的祈福之氣。這不就是大家一起積陰德的最佳典範！

再說一個故事：桃園的一家育幼院，3 年前的 12 月 20 日，我開著廂型小貨車一路倒車到巷子的盡頭，送了一批物資，其中印象最深的是糖果、餅乾，嗯……上市櫃食品公司的股東會紀念品。「**九交貴人**」的院長很開心的跟我說，這週他不斷的向主祈禱，12 月 25 日是

聖誕節，院裡小朋友到現在都還沒有收到任何的糖果、餅乾贊助物資，希望主可以安排善心人士盡快送來這類物資，因為這群小朋友跟一般家庭的小孩不一樣，他們很需要有一個快樂的聖誕節來完整小孩的心靈。沒想到，我就出現了！

院長高興的一直跟我說謝謝，我的回答是院長不要客氣，我是受一群人委託送過來的，所以你要謝謝的也應該是這群人才對，她笑著說每個送物資來的人都是這樣說的…哈哈！聽完她的話我也笑了，不過我就是個送貨員穿著，所以還是鎮定的跟她說確實是一群人委託我送來的。她說好的，她一定會為這些善心人士好好祈福，希望主也能默默幫助這些善心人士心想事成，這不就是「八敬神」嗎？其實，那天我更深的印象是她著急的盼望著物資的表情，院長真的急壞了，所以她一聽到物資是糖果、餅乾時就一直跟主答謝，而她的眼淚早已流下……

至於我呢？肯定不中用的，離開後開著貨車沿路一直哭一路哭了好久好久……真是不中用，寫到這段我又哭了……哈哈……真是不敢回想！

分享這段故事其實是很重要的，多做善事真的就是華人世界常說的「積陰德」，至於我哭完後覺得「很養生」，總結那天，我也收到了這兩項育幼院送給我的反饋大禮物，不知道在我說的故事中你可以獲得幾項。

講實話，到現在我都不敢再去那家育幼院……別笑我，那真的太揪心了！我實在承受不了，不是因為我做了這件事，而是院長那種犧牲奉獻的大愛，在她面前我覺得我太渺小，若不是那天現場我有 hold 住……會發生什麼情緒失控的表現自己也不知道。

希望我與參與活動者的公益故事可以啟發你，在從事零股投資時，一定要納入公益計劃這目標，因為還有很多你意想不到的好事會發生在你的身上。

讀書長知識，增加思考邏輯能力

來吧！我還要補充一個對你來說很重要的「五讀書」，對我來說要分享一個最誇張的經驗是一年讀 500 本書，純近視從 200 度直飆 500 度，還多了散光 100～150 度，這個補充不是要說明我有多厲害，而是要說讀書有多麼重要；因為你多讀書，想當然爾就一定會長知識！而閱讀各類型書籍，就可以提高你的思考邏輯，因為你要看懂作者到底在寫些什麼，從主題、大綱、小節連同內文，每個環節都是很結構性的！因此書讀多了，你不僅可以長知識，還可以增加思考邏輯能力，甚至你可以吸收超級無敵多作者的各類人生經驗；那麼總結來說，提高你的投資運氣、避免犯錯應該不是件難事，如果運用在投資上，那麼你不就是武林至尊了嗎？

Part 9
神祕金色山脈獻給本書讀者

　　一場「股東會」背後學問真的很大，周邊連動引發的投資機會也相當多，你要來回反覆閱讀，一定可以有更大的發現。其實，這本書寫到尾聲，我倒覺得受益最多的人是我，透過本書我再次做了有關「股東會」的系統化整理，真的很過癮。同時還可以分享給這麼多的投資人，這是一件讓我可以持續寫作的動力。

　　另外，最感謝的是你的支持！因此，我希望你可以將我在本書內提到的觀念、操作技法、投資方式等全部融會貫通，並在你聰明大腦的活用下有更好的表現。

9-1 背後學問很大、商機無限多

　　接著，我要針對「商機無限」這件事來感謝一群志同道合的朋友。**首先我要代表參與「《股東會 DIY 活動》以物易物、惜福愛物」的朋友們謝謝大氣度的上市櫃公司老闆群**，感恩你們充滿無私與愛的持續給予我們支持及贊助，未來我們會將**上市櫃公司老闆贊助的物品**運用到各類正向陽光活動或計劃裡！

　　股東會紀念品的本質是贈品，但我們絕不會因為這是小小的贈品就任意的糟蹋，相反的，我們將自 2022 年起，推出反饋上市櫃公司的各項計劃：

　　1、透過股東會紀念品，我們將創造一個新的商業模式：讓股東會紀念品回到贈品的本質中，全新升級的平台將邀請品牌上市櫃公司進駐，透過這個全新平台，將會有更多的口碑式行銷模式來推薦上市櫃公司的各類商品，藉由這個即將誕生的平台，各位上市櫃公司的老闆們，你們也要加油讓自己公司的商品更加優化，大老闆更用心在小股

東身上，小股東們反饋的力量也會越發強大。

2、降低上市櫃公司股東會紀念品的成本支出：健康的良性循環，只會帶來多方贏的成果，增加上市櫃公司的營收正是我們平台積極努力開拓的方向，唯有股東們與公司的齊心合力，相信一把筷子應該可以比一枝筷子更有力量。雖然說道理人人都懂，但能做到位的又有幾人呢？沒錯，我們也絕對不會是那幾人，所以，我們將是一群人一同來完成這個計劃。

3、透過股東會紀念品及創新平台收益，讓我們一群人一起加碼投資上市櫃公司，相信有機會看見這本書的上市櫃公司老闆們，在我們創新的平台 http://www.8bfun.com/中，將會有再次發光發熱的機會。而這樣的計劃相信不論是老闆們或是讀者一定看的懵懵懂懂，我還是得很務實的說，一切做好做完善時，各位上市櫃公司老闆們及我最愛的讀者群，你們一定會這樣說：「原來是這麼回事呀！」我懂了！……期待那一天能早點到來。

創新當然是沒辦法在這麼短的篇幅裡說完，各位上市櫃公司老闆及讀者們請多包涵。在每一場「股東會」當中所帶來背後的投資學問及商機都是無限大的，掌握好每個股東會所帶來的投資機會，這就是當下你要趕快進行的事。唯有你逐步踏實的實現財富自由，上市櫃公司也才能獲得你所給予的支持及反饋；而我當然也要循序漸進打造出這個創新平台，說大話，不如起而行的加緊腳步去實踐這個夢想吧！

9-2 結語

我還是心繫著一群小資族朋友，說了很多股東會的眉角跟投資方法，卻在最後才補充股利領取的說明，主要是本書核心主題為「股東會」，所以這件事跟書籍主題離得比較遠一點，因此擺在結語當中補充給你。

以下是「配股、配息」的計算方式整理，也希望你可以體會到我很想將所有的知識傳遞給你的心意，不過礙於篇幅，也僅能盡力做到

完整。

小資族也有配股配息的權利

大家一定很好奇，股利發放與小資族有關係嗎？答案是當然是有關係的，但這卻是許多小股民都不會留意的訊息。我們還是要簡單談一下股利發放當中最重要的配股配息！

不論你是多小的股東，基本上如果公司有年度獲利時通常會進行配股配息，而配股配息時通常對於零股投資人要留意 2 件重要大事，首先要知道配股配息怎麼算。我們用一個實際案例來說明比較簡單：

$$股票股利算法：（元為單位）\frac{股票股利}{股票面額} \times 股數$$

股票股利算法表

舉例來說：（1 張是 1000 股，不要弄錯喔！）

配發股票股利以「元」為單位，若「股票股利 4 元」，算法是這樣的：

（配股 4 元 / 股票面額 10 元）×100 股（持有股數），也就是 40股，每 100 股可配發 40 股的股票股利，配股率就是 0.4。

若手中持有 100 股零股，每一張會配 0.4 張的股票，因此配股完你將會有 140 股的零股。

$$現金股利算法：年度發放額度 \times 持有股數 （元為單位）$$

現金股利算法表

舉例來說：（股價我們先不要考量，以免混淆！）

「現金股利 1 元」，代表每一股配發 1 元的現金股利，換言之每張股票就是 1,000 股將有 1,000 元的股利，所以你有 100 股×股利 1 元時，就可以得到 100 元現金股利。

相信大家都清楚明白了「配股配息」是多麼重要的收益了吧！

影響你領取現金股息的重要關鍵之一是零股的股數，再者是領取的方式。在你了解清楚你的零股投資組合狀況後，你要記得每家公司的股息收益金額有多少，上市櫃公司可能會是透過**匯撥入帳或郵寄支票**這兩種方式發放股息給你，所以你要清楚每一家公司派發的股息有多少，然後依照股息金額高低來判斷可能入帳方式，如此一來，你就不會漏掉每一家上市櫃公司發放的股利了。

100 股與 1 股的零股因為發生的現金股利收益是有明顯的差距，因此你可以透過該年度的股利來研判上市櫃公司可能會從那個管道給你該年度的股利。

低於 10 元的股息通常公司都會**郵寄支票**，一般來說超過 10 元以上的股息通常都會採用**匯撥入帳**。

股息在 10 元以下時，上市櫃公司可能會因為搭配的證券商股務不同，匯撥費用就不同，比較在意股東觀感的，那怕是 1 元，他們都願意寄支票給股東，雖然說很沒效益，但是總是公司的心意。

由於低金額股息領取麻煩，常會有投資人「不屑一顧」，所以，也才會發生全台灣有上百億的股息未領的情況。

股息領取的兩種方式：

1、匯撥入帳

匯撥入帳可能會有手續費發生，跟大家分享一個有趣的案例，如果你當年度應收的股息是 12 元，是有可能因為匯撥費用扣掉 10 元後，入帳的金額會變成 2 元喔！這樣想想你就要考慮一下增加這家公司的股數，不然還真不划算。另外一個選擇就是降低投資的股別，至少你不用被扣掉相對昂貴的 10 元匯撥費。

2、郵寄支票

通常低於 10 元的股息，上市櫃公司都會寄發支票給你！但是，你還是要留意一下，現在很多家銀行託收支票是要收手續費的，這就又尷尬了！

目前，已知的不收取託收支票手續費的有郵局和華南銀行，如果大家有更新的資訊，請再留言給我喔，我會再分享給大家參考！此外，每家銀行的實際狀況可能因為營運需求而調整。

有關「股利發放」這個問題，我相信還有很多人是不熟悉的；所以你可以直接去電台灣集保結算所或我提供的網址進行查詢，讓專業的股務人員來更快速的解決你的問題。希望你也可以花點時間鑽研一番，相信多點投入，最大的贏家就會是你了，加油！

台灣集保結算所投資人服務網址：http://www.tdcc.com.tw；語音查詢專線：412-1111 服務代碼 111＃後，只要鍵入向往來券商申請所得的查詢密碼，即可進行查詢。至於查詢的內容則包括了未兌領上市櫃、興櫃等發行公司的現金股利等各項集保帳戶資料，使用上相當方便。

9-3 尾聲

天下沒有不散的筵席，《第一本股東會攻略》在此將畫下句號。【上市櫃公司系統評鑑表】、【定期定股投資、定股定價投資、價差套利術】、【股東會新聞、大戶籌碼操作法】、【股東會期間技術分析周均、日均操作法】、【股權徵求觀察法】、【股東會紀念品投資法】這些都是我的燒腦精髓，希望你可以精益求精的用每個方法來實現你的財富自由。

我未來的寫作計畫，將分為兩個方向，在此也一併向大家報告。《投資理財》一直是我最大的興趣，可我也深知投資領域浩瀚無邊，每個投資人的程度卻都是不一的；因此，在這個領域中的規劃將切分為兩大主軸，其一是繼續分享新手投資人「社畜多面向投資法」；另一則會進入技術分析領域中，由淺至深的剖析「波浪理論」，而這項

技術分析也將是我在投資領域的寫作終點，沒錯啦，寫完就會隱居山林。

還有一個是大家對我比較不熟悉的領域，那就是廣告行銷市場；在台灣我的另一家公司就是做廣告行銷的，其中的《搜尋引擎最佳化》（SEO，Search Engine Optimization），對每家公司所帶來的助益是相當驚人的。而我卻看到許多公司也在此處陷入困境，因此這部分也會是我未來寫作的方向之一。

十分誠心的感謝你給予我各方面的支持，同時我也要感謝這一路成長過程中，確實有不少貴人朋友、長輩們的相伴與提攜；特別是我的父母親，謝謝你們讓我來到這個世界。在你們的開明教育下，我有許多磨練、成長及茁壯的機會，同時也讓我體會到舐犢情深、關懷備至的愛。寸草春暉，實在無以回報，下輩子可以再讓我當一次你們的孩子；當然，換個身分也是不錯的呦，讓我也好好照顧你們，總之，我是真的很愛你們！

筆　記

筆　　記

筆　記

台灣廣廈 國際出版集團
Taiwan Mansion International Group

國家圖書館出版品預行編目（CIP）資料

專為辛苦上班族寫的第一本股東會攻略：零股＋紀念品，小小股
民如何在上市、上櫃公司股東會挖出財富的技術 張琨琳 著，
-- 初版. -- 新北市：財經傳訊, 2022.04
　面；　公分. --（view;52）
ISBN 978-626-95601-1-0（平裝）
1.股票投資 2.投資分析

563.53　　　　　　　　　　　　　　　110022231

財經傳訊
TIME & MONEY

專為辛苦上班族寫的第一本股東會攻略：
零股＋紀念品，小小股民如何在上市、上櫃公司股東會挖出財富的技術

作　　　者／張琨琳	編輯中心／第五編輯室
責 任 編 輯／李振華	編 輯 長／方宗廉
	封面設計／張天薪
	製版・印刷・裝訂／東豪・弼聖・秉成

行企研發中心總監／陳冠蒨　　　　　線上學習中心總監／陳冠蒨
媒體公關組／陳柔彣・綜合業務組／何欣穎　　產品企劃組／黃雅鈴

發 行 人／江媛珍
法 律 顧 問／第一國際法律事務所 余淑杏律師・北辰著作權事務所 蕭雄淋律師
出　　　版／台灣廣廈有聲圖書有限公司
　　　　　　地址：新北市 235 中和區中山路二段 359 巷 7 號 2 樓
　　　　　　電話：（886）2-2225-5777・傳真：（886）2-2225-8052

代理印務・全球總經銷／知遠文化事業有限公司
　　　　　　地址：新北市 222 深坑區北深路三段 155 巷 25 號 5 樓
　　　　　　電話：（886）2-2664-8800・傳真：（886）2-2664-8801
郵 政 劃 撥／劃撥帳號：18836722
　　　　　　劃撥戶名：知遠文化事業有限公司（※ 單次購書金額未達 500 元，請另付 60 元郵資。）

■出版日期：2022 年 4 月
ISBN：978-626-95601-1-0